대니얼 골먼

내면 해독

대니얼 골먼

내면 해독

대니얼 골먼,
촉니 린포체 **지음**
신동숙 **옮김**

한국경제신문

수년 전 본격적으로 마음에 대한 공부를 시작했을 때, 대니얼 골먼의 책을 읽고 깊은 감명을 받았다. 나로선 그의 새로운 책을 환영하지 않을 이유가 없다. 사실, 마음이나 명상에 대해 이야기하는 책은 이미 차고 넘치도록 존재한다. 그럼에도 불구하고 이 책을 읽어야 하는 이유가 있다면, 그것은 통섭과 실천이라는 두 가지 맥락에서일 것이다.

대니얼 골먼과 촉니 린포체의 따뜻하면서도 명료한 시선은 개인의 작은 스트레스를 해결하는 방법부터 이 삶의 의미가 어디까지 뻗어나갈 수 있는지에 대해서까지 아름답게 교차하고 공명한다. 그리고 그 과정에서 상좌부 불교, 티베트 불교에서부터 서구 심리학, 현대 뇌과학을 끊임없이 오가며 지금 이 순간 '해야 하고' 또한 '할 수 있는' 다양한 훈련법으로 우리를 안내한다.

굳이 강조하지 않았지만, 이렇게 말하고 있는 것이다. 의식의 명료함과 깊이 있는 통찰은, 깊이 있는 앎과 진지한 훈련의 과정 없이는 거둘 수 없는 것이라고 말이다. 당신은 '앎'을 위해 노력하고 있는가? 그러한 훈련이 나의 삶과 나의 하루에 스며들어 있는가? 이 두 가지 질문에 그렇다고 답할 수 없다면, 우리는 삶을 전면적으로 다시 돌아봐야 할 것이다.

삶의 어느 순간, '결국 이것이 전부인가?'라는 내적 질문에 맞닥뜨린 모든 이에게, 그리하여 이 질문으로부터 삶의 새로운 변곡점을 찾기 원하는 이들에게 이 책을 추천한다. 세상에 이미 책은 많지만, 앎과 마음 수련을 위한 좋은 가이드북은 흔치 않으므로.

곽정은, 《마음 해방》 저자이자 명상전문가

○ ● ○

영적 스승인 촉니 린포체와 세계적인 심리학자이자 명상 수련가인 대니얼 골먼이 완성한 이 훌륭한 책은 명상의 세계에 발을 들이는 이들에게는 명상 기법 및 과학적 탐구 등 여러 측면에서 더없이 유익하다. 현실성 있고, 지혜롭고, 유머러스하고, 마음에 관한 탁월한 사유가 담긴 이 책은 나의 내면과 더욱 깊이 만나고자 하는 이들에게 꼭 필요한 책이다.

료시 조앤 핼리팩스, 의료인류학 박사이자 명상전문가

○ ● ○

이 책은 최근 나날이 필요성이 커지는 명상의 효능에 대해, 신경과학의 원리로 설명하고 뒷받침한 아주 진귀한 책이다. 촉니 린포체는 명상의 깊이 있는 가르침을 특유의 명료한 표현과 따뜻한 연민으로 전달하고, 대니얼 골먼은 수십 년에 걸쳐 탐구한 마음의 과학에 관한 서구식 분석을 제시한다. 특별한 공동작업의 결과로 탄생한 위대한 보석과 같은 이 책은 자신의 내면을 탐구하고, 진정한 자기 자신을 만나고자 하는 이들에게 큰 도움이 될 것이다.

조지프 골드스타인, 《조지프 골드스타인의 통찰 명상》의 저자

○ ● ○

이 책은 그간 심오하게만 느껴졌던 명상의 가르침을, 과학적인 차원에서 이해하기 쉽고 새롭게 해석했다. 촉니 린포체는 가장 존경 받는 명상 스승의 한 사람으로, 영혼을 치유하고 자유롭게 하려는 그의 가르침을 나는 전폭적으로 지지한다.

페마 쵸드론,《죽음은 내 인생 최고의 작품》의 저자이자 마음전문가

○ ● ○

과학계와 명상계의 위대한 두 거장이 팀을 이루어, 이처럼 훌륭한 '내면의 안내서'를 만들어냈으니 이 책을 읽지 않을 수 없다. 이 책에서는 내면의 부정적인 생각 습관, 걱정, 탐닉 등을 부정하는 것이 아니라 따뜻한 관심으로 길들이는 방법을 알려준다. 가장 흥미로운 부분은 이 모든 방법이 철저한 과학으로 뒷받침된다는 사실이다. 이 책을 강력히 추천한다!

댄 해리스, ABC News 아나운서이자 《10% 행복 플러스》 저자

내면의 평화, 평화로운 세계, 모든 존재의 이로움에
이 책을 바친다

당신이 이 책에서 얻을 수 있는 것

촉니 린포체(Tsokny Rinpoche)

저는 시골 마을에서 큰 사랑과 보살핌을 받으며 자랐습니다. 어릴 적 '다감'이라는 크고 두툼한 명상용 망토를 두른 할아버지의 무릎 위로 뛰어올랐다가 달아나길 반복하며 놀던 기억이 생생합니다. 할아버지는 장난꾸러기 손자가 마음껏 오가게 내버려둔 채 명상에 잠겨 만트라를 읊으셨지요. 주변에서 무슨 일이 일어나든 흔들림 없는 할아버지에게서는 온기와 사랑, 평온이 느껴졌습니다.

　저는 카트만두에서 태어났습니다. 아버지는 명망 있는 티

베트 대사(大師) 툴쿠 우르겐 린포체(Tulku Urgyen Rinpoche)
이고 어머니는 티베트 명상가의 후손입니다. 어머니의 조상
은 유명한 티베트 왕족으로 세계에서 여덟 번째로 높은 산
인 마나슬루산(Mount Manaslu)의 그늘이 닿는 네팔의 골짜기
누브리(Nubri)에 터를 잡고 살았습니다. 이 두메산골이 제가
어린 시절을 보낸 곳이지요.

아버지, 할머니, 그리고 당대 전설적인 명상가로 꼽히던
증조할아버지를 비롯해 친가와 외가 모두에 열성적이고 뛰
어난 명상가가 여럿 있었습니다. 일반적으로 명상에서 뛰어
난 경지에 올랐다는 것은 정신 수양의 여러 단계를 거쳐 흔
들림 없는 지혜와 연민에 이르렀음을 의미합니다. 저는 이
런 배경 덕분에 어릴 때부터 명상을 익혔고 명상이 생활화
된 분위기에서 성장할 수 있었습니다.

열세 살 때는 정식 불교 교육을 받기 위해 인도 북부 캉
그라 밸리(Kangra Valley)에 있는 티베트 난민 공동체로 보내
졌습니다. 은거 중인 요가 수행자를 포함한 여러 명상 대가
와 함께 그곳에서 명상 수련을 지속했지요. 그 뒤로도 계속
이 시대 최고의 명상 대가에게 배울 수 있는 행운을 누렸습
니다.

20대에 접어들면서는 불교를 가르치기 시작했고, 그때

부터 세계 곳곳을 순회하며 여러 대륙에 거주하는 수만 명에게 명상을 지도해왔습니다. 제 자신의 공부도 계속하며 마음에 관한 과학적 지식을 탐구했지요. 달라이 라마(Dalai Lama)가 과학자들과 대담을 나눈 마인드앤드라이프(Mind&Life) 세미나에 여러 차례 참석했고 하계 연수에서는 대학원생과 박사후과정 학생에게 명상을 가르치기도 했습니다.

명상을 지도하기 시작하면서 제 관심은 자연스럽게 서구의 심리학, 오늘날의 삶, 현대인이 겪는 독특한 정신적 문제로 향했습니다. 떠돌이 지도자로서의 제 삶은 끊임없는 움직임을 의미합니다. 저는 사람들 눈에 띄지 않게 홀로 여행하는 것을 좋아합니다. 그렇게 함으로써 진실하게 사람들을 관찰하고 그들과 소통할 수 있기 때문이지요. 저는 세계 곳곳의 공항, 여러 도시의 길거리, 커피숍에서 사람들을 관찰하며 많은 시간을 보내왔습니다.

동시에 지난 수십 년 동안 심리학과 과학 분야 전문가들, 세계 곳곳에 거주하는 친구들, 제자들과 소통하며 그들의 사고방식과 갈등, 문화적 압박을 이해하려고 애써왔습니다. 타라 베넷 골먼(Tara Bennett-Goleman)과 존 웰우드(John Welwood)를 비롯한 저명한 심리학자에게 일대일 지도를 받기도 했지요. 대니얼 골먼의 아내이기도 한 타라와 만났을 때는 정서적 박탈과 버림받는 데 대한 두려움처럼 많은 이에게 흔히 나타나는 역기능적 감정 패턴을 살펴봤는데 이는 타라가 그의 저서 《감정의 연금술》과 그 외 여러 저서에서 다룬 주제기도 합니다. 부부 상담치료사이자 작가인 웰우드는 제가 '영적 우회'라는 개념, 즉 치유되지 않은 심리적 상처와 감당하기 힘든 괴로운 감정을 피하기 위해 명상 같은 영적 수행에 기대는 경향과 인간관계 유형을 깊이 이해하는 데 큰 도움을 줬지요. 또 제자들과 인생, 관계, 영적 수행을 주제로 이야기를 나누는 과정에서도 무척 많이 배우고 깨우쳤습니다.

이런 경험을 통해 저는 제 자신뿐 아니라 제자들의 신경증, 습관적인 패턴, 감정을 배울 수 있었습니다. 이는 현대 제자들의 정서적, 심리적 문제에 대한 제 이해를 성장시켰고 지도 방식에도 영향을 미쳤습니다. 사람들이 영적 수행 중 심리적인 문제를 피할 수 있는 방법, 감정 패턴과 관계형 상처에 숨은 힘을 인식하는 방법 등이 그 예입니다. 이와 같은 통찰은 이 책에서 제가 전하는 가르침의 바탕을 이뤘지요.

명상 지도자로서 제가 채택한 접근법은 현대인이 정서

적, 심리적 영역에서 경험하는 어려움에 대한 특별한 관심 뿐 아니라 전면적인 변화와 각성의 가능성을 꾸준히 모색한 데서 비롯됐습니다. 저는 제 뿌리인 전통적이고 깊이 있는 지혜에 충실하려 하지만 동시에 현대적, 혁신적인 접근을 하려고도 노력합니다. 제자들이 저마다 경험하는 긴장, 상처, 혼란을 해결하면서 동시에 이들과 솔직하게 열린 태도로 직접 소통하고자 한다는 뜻이지요.

처음 지도자 역할을 맡았을 때는 지금보다는 좀 더 전통적인 입장에서 이론에 중점을 두고 전통 문헌의 세부 내용을 살피는 데 주력했습니다. 제자 대부분이 교육을 잘 받은 이들이었습니다. 저는 그들이 제가 하는 말을 곧바로 알아듣고 있다고 생각했습니다. 저는 '우와, 다들 정말 똑똑한데! 분명 빠르게 성장할 거야' 하고 생각했습니다. 하지만 10여 년이 흐른 뒤 뭔가 잘못됐다는 느낌을 받았습니다. 제자들은 머리로는 개념을 '이해'했지만 해마다 되풀이되는 똑같은 감정적, 에너지적 습관 패턴에서 도무지 빠져나오지 못했습니다. 이런 상태가 명상 수련의 성장을 가로막고 있었고요.

전통을 중시하는 제 접근법이 의도한 효과를 내지 못하는 것은 아닌가 하는 의문이 들기 시작했습니다. 왜 제게 배운 전 세계 제자들이 가르침은 이해했음에도 그 내용을 체화해 큰 변화를 이루는 데는 실패했는지 곰곰이 생각해봤습니다.

저는 마음, 감정, 신체가 소통하는 경로가 막혔거나 경직됐으리라 추측했습니다. 티베트의 전통적 관점에 따르면 이 모든 통로는 서로 연결돼 막힘없이 흘러야 합니다. 그런데 제자들은 머리로 이해할 수 있는 것을 몸으로 통합하는 데 어려움을 겪고 있었습니다. 체득한 지식을 신체와 감정 수준에서 소화하지 못했기 때문이었지요. 이런 깨달음을 통해 제가 명상을 가르치는 방식에 변화를 두었습니다.

이제 저는 제자들의 몸과 마음을 포함한 존재 전체가 준비되도록, 마음과 감정 영역 사이의 통로를 열고 치유하는 데 무엇보다도 주안점을 둡니다. 이 책에서 소개하는 여러 수련법은 제가 지난 몇십 년간 갈고닦아 터득한 새로운 접근법을 반영한 것입니다. 이는 명상의 대가 밑에서 수행한 수년의 세월과 저 스스로 명상하고 지도하면서 얻은 경험에서 비롯됐지만, 그렇다고 '엄숙한 명상가'에게만 효과가 있는 것은 아닙니다. 오히려 모든 사람에게 유익하도록 만든 것이지요.

또 이 수련법들은 신경증적 증상의 해결법이 아니라 반

복적으로 우리를 괴롭히는 모든 유형의 생각과 감정을 다룰 효과적인 방법입니다. 두려움, 공격성, 질투, 억제되지 않은 욕망, 그 밖에도 내면의 평화를 방해하는 모든 장애물을 극복하는 데 도움을 주지요.

　저는 심리적으로나 감정적으로 유의미하고 실용적이며 현실에 얽매여 사는 현대인이 쉽게 실천할 수 있는 이 명상법을 알리고 싶다는 열망이 아주 큽니다. 우리에게는 도무지 마음과 감정에 집중할 만한 시간이 부족하니, '지금 바로' 도움이 될 기술이 필요하겠지요.

대니얼 골먼(Daniel Goleman)

저는 캘리포니아주 샌프란시스코만 지역에서 동쪽으로 차로 90분 거리에 있는 도시 스톡턴(Stockton)에서 어린 시절을 보냈습니다. 당시 스톡턴은 평화로운 미국 중부 도시 노먼 록웰(Norman Rockwell)과 비슷한 느낌이었죠. 최근에는 사뭇 다른 평판을 얻어 미국에서 최초로 파산한 도시이자 빈곤층에 월 수당을 지급하는 실험이 진행됐던 도시 그리고 범죄 조직의 온상으로 알려져 있습니다.

어릴 적 책이 거의 없다시피 했던 친구들의 집과 달리 우리 집에는 책이 무척 많았습니다. 부모님 두 분 모두 대학교수였고 교육이 인생을 성공으로 이끌 최선의 길이라고 여기셨거든요. 부모님이 그랬듯이 저도 학교 교육을 중요하게 생각하고 열심히 공부했습니다.

그 덕에 저는 미국 동부에 있는 대학에 입학했고 이후 하버드대학교 임상심리학 박사과정에 진학할 수 있었습니다. 그런데 박사과정 중 방문 연구원으로 인도에 2년간 머물면서 제 연구 방향은 제가 후원자들에게 '정신민족학(psycho-ethnology)' 또는 '마음의 아시아 모델'이라고 설명하는 분야로 급선회했습니다. 그 즈음 명상 연구에 빠져들고 있었거든요.

저는 학부생 때 명상을 시작했고 인도에 있을 때는 열흘간 진행되는 일련의 명상 수련회를 열성적으로 이끌기도 했습니다. 그 수련회에서 내면의 평화를 경험하고 미국에 돌아온 뒤에도 수행을 이어갔습니다. 지난 수십 년 동안 명상가로서 여러 훌륭한 스승을 만났고 현재는 촉니 린포체에게 가르침을 받고 있습니다.

하버드대학교에서는 명상이 어떻게 스트레스를 완화하는지를 주제로 박사 학위논문을 썼고 그 뒤에도 명상 수행법을 계속 연구해왔습니다. 학위를 받은 뒤에는 과학 저널리즘 분야에 진출했고 나중에는 《뉴욕타임스》에서 과학 칼럼을 집필했습니다. 과학 학술지에 발표된 연구를 조사해 전문 지식이 없는 일반인이 쉽게 이해하고 흥미를 느낄 수 있는 글로 풀어냈습니다.

이런 일을 하다 보니 대학원 시절 친구이자 전 세계적으로 명성이 자자한 위스콘신대학교 신경과학자 리처드 데이비드슨(Richard Davidson)과 함께 명상에 관한 과학적 연구결과를 종합해 책으로 내게 됐습니다. 그와 공동 집필한 《명상하는 뇌: 뇌를 재구성하는 과학적 마음 훈련》은 명상과 관련된 가장 신뢰성 있는 연구 결과를 종합한 책입니다. 이 책에서 저는 명상에 관한 과학적 사실을 풀어내는 동시에 린포체가 각 장에서 제시하는 수행법을 뒷받침하는 내용을 설명할 것입니다.

당신이 이 책에서 얻을 수 있는 것

마음챙김은 기업, 학교, 요가센터, 병원 그 밖의 많은 영역을 휩쓸며 서구 사회 구석구석에 스며들었습니다. 삶의 근심을 잠시 내려놓을 수 있는 마음챙김 명상법은 단연 많은

　　　　　내면 해독

이들에게 주목받고 있지만, 사실 마음챙김은 명상 수련에서 활용하는 여러 방법 중 하나일 뿐입니다. 이 책에서는 기본적인 마음챙김 명상뿐 아니라 훨씬 더 많은 방법을 다룹니다. 마음챙김을 시작한 다음에는 뭘 해야 하는지, 자꾸만 특정 행동을 하도록 부추기는 뿌리 깊은 감정 습관을 없애려면 무엇부터 시작해야 하는지 앞으로 알아볼 것입니다.

이 책은 집중을 방해하는 현대 생활의 다양한 요인, 예컨대 늘 곁에 두는 휴대폰이나 갈수록 빡빡해지는 일정, 의심과 냉소 같은 파괴적인 생각, 스스로를 비판하는 정서적 습관 등을 극복하는 데도 도움이 될 것입니다. 전반부에서는 명상 초보자가 흔히 토로하는 어려움 두 가지, 즉 '마음이 제멋대로 날뛰어 도무지 마음을 가라앉힐 수가 없다'와 '가장 괴로운 생각이 계속해서 떠오른다'는 문제를 해결할 방법을 다룹니다. 린포체는 두 난관을 극복하기 위한 방법으로 되풀이해서 떠오르는 생각을 잘라내는 '내려놓기(dropping)' 그리고 가장 괴로운 생각 패턴과 친구가 되는 방법을 배우는 '악수하기(handshake)'를 출발점으로 삼습니다.

이 방법은 보통 마음챙김 수련에서 잘 다루지 않습니다. 마음챙김을 처음 시작한 많은 이들이 떨치고 싶은 생각이 계속해서 머릿속에 맴도는 데 좌절해 수련을 포기하는 것은 그 때문이죠. 이 책은 사랑과 수용의 태도로 그런 상황에 정면으로 대응하는 법을 다룹니다.

더욱이 이 책에 소개된 수련법 중 다수는 생소하게 느껴질 수도 있습니다. 하지만 린포체의 제자들에게는 친숙하고 효과적인 방식이었지요.

만약 아래와 같은 생각을 해왔다면 이 책은 당신을 위한 것인지도 모릅니다.

- '명상을 해보면 어떨까' 생각은 해봤지만 명상이 왜 필요한지, 어떻게 시작해야 하는지 잘 모르겠다.
- 명상을 하고는 있지만 왜 해야 하는지, 명상을 더 잘하려면 어떻게 해야 하는지 잘 모르겠다.
- 현재 명상을 열심히 하고 있으며 다른 사람에게도 명상을 권하고 싶은데 명상을 시작하는 사람에게 도움이 되는 책이 있으면 좋겠다.

　　　　내면 해독

중요한 것은 마음, 감정, 신체가
소통하는 경로가 막힘없이 연결되어 흐르는 것입니다.

머리로는 이해한 것을, 몸이 체득하지 못하거나,
이미 체득한 것을 감정 수준에서 소화하지 못하여
경직되기 시작하면 경직된 곳에 독이 쌓이기 시작하지요.

그럴 때는 천천히 눈을 감고,
의식을 내려놓은 채 내면의 어떤 부분이
그러한 긴장을 유발하는지 천천히 탐색해 보세요.
'내면 해독'은 그곳에서부터 시작됩니다.

차례

아무것도 바꿀 수 없다면 왜 걱정하는가?
뭔가를 바꿀 수 있다면 왜 걱정하는가?

티베트 격언

1장

내려놓기
생각의 꼬리를 자르는 법

린포체의 가르침

제가 네팔과 인도 북부에서 어린 시절을 보낸 1970~1980년대에는 삶의 속도가 그리 빠르지 않았습니다. 사람들은 대부분 꽤 안정된 상태였지요. 몸도 긴장되지 않고 편안했고 언제든 원하면 모여 앉아 차를 마셨습니다. 그리고 잘 웃었지요. 물론 그때도 가난이나 기회결핍처럼 극복해야 할 문제가 많았지만 스트레스와 빠른 삶의 속도는 그리 큰 문제가 아니었습니다.

하지만 이 지역이 서서히 개발되면서 삶의 속도도 빨라

졌습니다. 도로는 갈수록 차로 붐볐고 마감이 있는 직업에 종사하는 사람이 늘었습니다. 많은 이들이 중산층 삶의 냄새를 맡고 그런 삶을 일부나마 누리고 싶어 했지요. 저는 사람들에게서 신체적, 정신적 스트레스의 징후를 보기 시작했습니다. 몸을 잠시도 가만 못 두고 끊임없이 꼼지락거리는가 하면 탁자 아래에서 초조한 듯 다리를 떨었지요. 한곳을 지긋이 바라보지 못하고 시선이 여기저기 헤매며 스스럼없이 웃는 일이 줄었습니다.

저도 그랬습니다. 가문의 문헌을 보전하기 위해 여러 해에 걸쳐 진행된 복잡한 프로젝트에 착수하면서부터였지요. 프로젝트 사무실은 도시 반대편에 있었는데, 아침에 눈을 뜨면 제 마음은 이미 사무실에 가 있었지요. 마음속 세계는 저를 이렇게 다그쳤습니다. '자, 어서, 빨리! 칫솔질은 한 번만 하고 헹궈! 아침은 한입에 넣고 한 번만 씹고 삼키라고! 지금 이러고 있을 시간이 없어!'

출근길에는 카트만두의 도로 정체를 견디기가 몹시 힘들었습니다. '액셀을 더 밟아! 누군갈 쳐버리면 어쩌나 걱정하지 마, 상관없으니까! 당장 사무실로 가기나 해!' 차에서 내려 사무실에 들어설 때쯤이면 이미 진이 다 빠져 기력이 없었습니다. 걸음을 늦추고 시간을 들여 사람들과 인사 나누

내면 해독

는 일 없이 모두를 슥슥 지나쳤습니다. 최대한 빨리 그곳을 벗어나고 싶은 마음뿐이었거든요.

사무실에서 도망쳐 커피숍이든 어디든 가서 아무런 할 일 없이 앉아 마음을 가라앉혀보려 했지만 여전히 불안하고 안절부절못했습니다. 온몸과 마음이 윙윙거리는 큰 덩어리처럼 느껴졌어요. 신체, 감정, 마음이 이유도 없이 전부 스트레스를 받은 상태였습니다.

그러다 하루는 제 자신에게 도전해보기로 했습니다. 고집 세고 비뚤어진 빠른 에너지에 귀 기울이는 대신 몸의 자연스러운 흐름과 속도를 존중하기로 한 것입니다. 스스로 이렇게 다짐했지요. '모든 일을 적당한 속도로, 정상적으로 해나갈 거야. 사무실에 언제 도착하든 상황이 되는대로 갈 거야. 들썩거리는 이 에너지가 나를 몰아붙이게 내버려두지 않을 거야.'

저는 제게 맞는 속도로 움직이면서 편안하게 아침을 맞았습니다. 침대에서 일어나기 전 먼저 기지개부터 켰고 양치질할 때도 충분한 시간을 들여 제대로 닦았지요. 빠른 에너지가 '서둘러! 당장 사무실로 가야 해! 아침은 아무거나 잡히는 대로 차에서 먹으라고!' 하고 독촉해도 듣지 않았습니다.

저는 몸의 제한속도를 존중했습니다. 식탁에 편히 앉아 아침을 먹고 충분히 씹으면서 맛을 음미했지요. 운전할 때도 조바심 내지 않고 적절한 속도로 차를 몰았고 심지어 운전을 즐기기까지 했습니다. 빠른 에너지가 서두르라고 말할 때마다 저는 씩 웃으며 고개를 가로저었습니다. 결국 저는 전과 거의 같은 시간에 사무실에 도착했습니다.

상쾌하고 편안한 기분으로 사무실에 들어서자, 그곳이 제가 기억하던 것보다 더 고요하고 아름답게 느껴졌어요. 자리를 잡고 앉아 직원들과 차를 마시고 한 명 한 명과 눈을 맞추며 진심으로 교류했습니다. 그 자리를 벗어나고 싶은 충동은 더 이상 들지 않았지요.

기반 찾기

근본적인 이야기부터 해보겠습니다. 제 전통문화에서는 사원, 수도원, 수녀원, 불탑 같은 건축물을 많이 세웁니다. 아마도 유목민이라는 뿌리에서 기인한 보상작용 아닌가 싶습니다만, 아무튼 티베트인이 사용하는 비유 중에는 건축과 관련된 것이 많습니다. 누구나 잘 알겠지만 건물을 지으려면 견고한 기반을 확보하는 것이 첫 번째겠지요. 마찬가지

내면 해독

로 명상도 건강하고 굳건한 기반에서 시작하는 것이 중요합니다.

명상의 원자재는 몸, 마음, 감정이며 우리는 행복과 슬픔, 도전과 투쟁 같은 감정과 생각으로 공사를 합니다. 명상에서 굳건한 기반이란 마음이 안정되고 지금 이 순간에 존재하며 연결돼 있음을 뜻합니다. 요즘에는 여러 이유로 이런 상태가 되기가 상당히 힘들 수 있습니다. 그래서 저는 명상할 때나 제자들의 명상을 지도할 때 기반을 다지는 연습에서 출발하길 좋아합니다. 몸을 확인하고, 몸에 집중하고, 몸과 연결되는 방법이지요. 쉴 새 없이 들고 나는 상념은 도무지 멈출 기미가 보이지 않으며 우리를 불안하고 피곤하고 어수선하게 만듭니다. 그럴 때 이 방법을 활용하면 소용돌이치는 생각을 헤치고 나와 다시 몸에 의식을 두고 한동안 그대로 머물 수 있지요. 마음과 몸을 다시 연결하고 기반을 마련하는 것입니다.

내려놓기

가장 먼저 소개할 수련법인 '내려놓기'는 상념에 사로잡혀 몸과 연결이 단절되는 습관에서 벗어나게 해줍니다. 내려놓기는 명상이라기보다는 몸과 마음에 긴장을 불러일으키는 끊임없는 생각, 걱정, 빠른 일상의 흐름을 일시적으로 헤쳐 지나가는 방법입니다. 안정적이고 통합적인 방식으로 우리가 현재 순간에 안착하게 해주지요. 명상할 준비를 갖추게 해주는 것입니다.

내려놓기에서는 다음 세 가지를 동시에 시행합니다.

1. 두 팔을 위로 들었다가 양손을 허벅지 위로 떨어뜨립니다.
2. 숨을 깊이, 소리 내며 내쉽니다.
3. 의식을 생각에서 몸이 느끼는 것으로 내려놓습니다.

그 상태로 가만히, 어떤 특정한 의도 없이 그저 몸을 의식해보세요. 몸 전체와 몸의 모든 감각을 느껴보세요. 유쾌함이나 불쾌함, 따뜻함이나 시원함, 압박감, 얼얼함, 통증, 황홀감 등 의식되는 모든 감각을 느낍니다. 어떤 느낌이든 상관없습니다. 만약 아무 느낌도 들지 않는다면 그건 그것대로 괜찮습니다. 그냥 무감각하게 있으세요.

간단히 말하자면 두 팔을 가만히 내려놓고 긴장을 푸는 것입니다. 그저 의식이 몸에 안착하기만 하면 됩니다. 특별한 상태나 특정한 감정에 도달하려는 것이 아닙니다. 잘못하고 있는 게 아닐까 걱정할 필요도 없습니다. 느낌과 감각은 그저 있는 그대로 존재할 뿐이지 옳고 그름이 없으니까요. 우리에게는 머릿속 생각으로 되돌아가 몸에 집중된 상태에서 벗어나려는 강한 정신적 습관이 있기 때문에 생각이 흘러들지 않도록 필요할 때마다 내려놓고 또 내려놓아야 합니다.

한 번에 5분씩만 해보세요. 양손을 내려놓고 숨을 크게 내쉬고 생각에 두었던 의식을 몸의 감각으로 가져갑니다. 그 상태로 잠시, 약 1분 남짓 머물고 다시 내려놓습니다. 이 수련을 필요한 만큼 반복합니다.

내면에 편히 머무르세요. 아무것도 하지 않아도 된다고 스스로 허락해주세요. 처음에는 다소 거북하고 이상한 느낌이 들지 모르지만 수련을 계속하면 할수록 더 자연스럽고 편해집니다.

의식이 몸에 자리 잡으면 몸의 실재적 특성, 즉 타고난 사실성, 중량감, 고요함 등을 돌아보세요. 몸이 바닥이나 의자와 닿는 지점에 의식을 둡니다. 존재의 순전한 평온을 느껴봅니다. 지금 느껴지는 것은 여기 앉아 잠시 아무것도 하지 않는 내 육체, 즉 뼈, 살, 신경을 담은 실재적인 그릇으로서의 육체입니다.

긴장 푸는 법 배우기

긴장 풀기는 묘한 일입니다. 모든 사람이 긴장을 풀고 싶어 하지만 사실 그러기가 너무 어렵거든요. 우리는 흔히 긴장을 푼 상태를 경계하고 있는 상태의 반대로 생각합니다. 경계하고 의식하는 것은 해야 할 일을 할 때의 '작동 상태'지만 긴장을 푸는 것은 전원을 내리고 시스템을 서서히 멈추는 상태지요.

긴장을 푼다고 하면 흔히 소파에 털썩 주저앉아 리모컨을 손에 쥐고 멍하니 텔레비전을 보는 장면이 떠오릅니다. 그러나 이런 휴식은 일시적으로는 긴장을 완화할지 모르지만 스트레스의 근본 원인을 해소하는 데는 도움이 안 됩니다. 스트레스가 여전히 의식 아래 남아 있어 바라는 것만큼 상쾌한 기분은, 결국 느끼지 못하거든요.

내려놓기는 긴장 풀기에 다른 방식으로 접근합니다. 몸과 감정에서 벗어나 다른 어딘가에서 긴장을 풀려고 하는 것이 아니라 우리 몸과 감정에 연결된 상태로, 더 깊은 내면에서 긴장을 푸는 방법이지요. 스트레스를 없애려고 일부러 멍한 상태를 만들기보다는 의식을 둔 채로 긴장을 풀고 생각에 잠겨버리는, 불균형의 근본 원인을 해결하는 방법을 익히는 것입니다.

내면 해독

많은 명상 입문자에게 마음속 걱정은 극복하기 힘든 장애물처럼 느껴질 수도 있습니다. 실제로 명상을 이제 막 시작한 사람은 "제 마음은 통제 불능이에요. 도저히 못하겠어요!" 같은 말을 자주 합니다. 내려놓기는 많은 이들이 보편적으로 느끼는 이런 어려움, 즉 끊임없이 밀려드는 상념 때문에 명상에 집중하기 힘든 상황을 해결하기 위한 것입니다.

이 수련법은 잠시라도 정신을 맑게 함으로써 우리가 안정적인 상황에서 다시 명상을 시작할 수 있게 해줍니다. 내려놓기는 반복적으로 긴장을 불러일으키는 생각, 걱정, 빠른 에너지의 흐름을 끊어주고 이로써 우리는 시작할 준비를 갖추게 됩니다.

내려놓기의 만트라

내려놓기를 수련하는 동안 만트라를 활용하는 것이 때로는 도움이 될 수도 있습니다. 만트라란 마음속으로 반복해 읊조리는 문구입니다. 제가 즐겨 사용하는 만트라는 아래 두 가지인데 둘 다 써보고 자신에게 더 잘 맞는 것을 확인해보세요.

첫 번째 만트라는 다음과 같습니다. 양손을 허벅지에 떨어뜨린

직후 이렇게 마음속으로 되뇌거나 작은 목소리로 반복해 읊조립니다. "어쩌라고! 누가 관심이나 있겠어? 별일 아니야."

이 만트라는 불안하고 걱정스러운 마음에 메시지를 전달합니다. 너무 지나치게 신경 쓰면서 모든 것을 꼭 쥐고 있으려는 마음에 일깨움을 주지요. 물론 적당한 관심은 바람직하며 중요하기도 합니다. 하지만 관심이 과도한 불안과 뒤섞여 신경증적인 기우가 되는 경우가 너무 많습니다. 이 만트라는 그런 모든 문제를 해결해줍니다.

두 번째 만트라는 "뭐가 됐든 일어날 일은 일어날 거고, 안 일어날 일은 안 일어날 거야"입니다. 마음속으로 또는 작은 목소리로 반복해 읊어봅시다.

이 메시지는 모든 상황을 통제하려 하기보다 상황의 흐름에 맡겨야 한다는 사실을 되새기게 해줍니다. 지성적으로는 알고 있는 사실이라도 감정체(feeling body)에 일깨워줄 필요가 있지요. 거기가 바로 빠른 에너지가 머물고 스트레스가 축적되는 곳이니까요.

이 두 가지 만트라는 정신체와 감정체 사이의 소통을 강화하는 역할도 합니다. 뒤이어 소개할 수련법에서 자세히 알아보겠지만 정신과 육체의 관계가 불편해지는 경우가 잦으면 이것이 문제의 원인이 될 수도 있습니다.

· ✦ ·

골먼의 증명

저는 어릴 때는 캘리포니아에 있는 작은 도시에 살면서 공립학교에 다녔지만 고등학교를 졸업한 후에는 동부에 있는 경쟁이 극심한 사립대학에 입학했습니다. 그곳에서 1학년 필수과목인 미적분학을 들으며 큰 좌절을 겪었습니다. 미적분은 제가 교육받은 공립학교 수학 교육과정에는 포함되지 않아 들어본 적도 없었거든요.

'프렙스쿨(prep school)'에서 대학 진학 대비 교육을 받고 입학한 동급생 대부분과 달리 저는 기초 미적분학이라든지 프렙스쿨이라는 말도 대학에 가서 처음 들어봤을 정도였으니까요. 그러니 제가 1학년 미적분학에서 D학점을 받은 것은 당연한 일인지도 모릅니다.

시작부터 난항을 겪으니 대학에서 잘해나갈 수 있을지 덜컥 겁이 났습니다. 심지어 성적이 좋아진 뒤에도 걱정은 꼬리를 물고 이어졌어요. 이런 불안은 현실과 단절된 채로, 그것이 근거 없는 걱정임을 보여주는 모든 증거를 무시한 채 갈수록 몸집을 불려가는 듯했습니다.

이것이 걱정의 유독성이 작용하는 방식입니다. 걱정에는 크게 세 가지 유형이 있습니다. 가장 건강한 걱정 유형은 걱정하면서 문제에 집중하고 생각에 생각을 거듭한 끝에 상황을 개선할 긍정적인 방안을 고안해내 마침내 불안감을 떨쳐버리는 경우입니다. 생산적인 걱정인 셈이죠..

두 번째는 위협이나 위급 상황이 닥쳤을 때 생겼다가 그 상황이 끝나면 사라지는 유형의 걱정입니다. 우리는 위협에 대처할 현실적인 방법에 집중하죠. 이건 적절하고 필요한 걱정입니다.

하지만 저를 괴롭힌 건 최악의 걱정이었습니다. 아무런 해결책 없이 계속해서 이어지는 걱정 말입니다. 인지과학에서는 이를 되새김(rumination)이라고 부릅니다. 끊임없이 되풀이되는 걱정이자 멈출 수 없는 생각의 흐름을 뜻하죠. 스탠퍼드대학교에서 수행한 연구에서는 되새김이 최악의 감정을 불러일으킬 뿐 아니라 나쁜 감정을 강화하고 지속한다는 사실이 밝혀졌습니다. 새벽 3시에 문득 잠에서 깨면 늘 해오던 걱정의 흐름이 곧 의식의 초점을 장악해버리는 것도 바로 이 때문입니다. 우리에게 몹시 해로운 이런 유형의 걱정이 요즘에는 아주 흔한 현상이 돼버렸습니다.

사실 걱정은 인간이 선조에게 물려받은 유산입니다. 선사시대의 많은 부분에서 인간의 뇌는 생존에 꼭 필요한 주요 기관으로 쉼 없이 위험을 살피는 역할을 했습니다. 인류역사 전반에 존재했고 지금도 여전히 뇌에 남아 있는 이 위협 감지 회로가 바로 선조들의 생존 비결이었습니다. 경계회로가 위협을 감지하면 즉각 투쟁, 도피 또는 안전하게 숨기 위한 경직 반응이 촉발됩니다. 오늘날 이 회로는 우리가 갑작스러운 강력한 반응에 생리적으로 준비하고 행동에 나서게 합니다. 무릎반사처럼, 갑작스럽게 강렬한 부정적인 감정이 들면 어떤 행동을 하고 싶은 충동을 느끼게 되는 것이지요.

뇌의 편도체(amygdala)는 위협을 감지하는 레이더 역할을 합니다. 위험의 조짐이 보이면 편도체는 뇌의 집행 센터인 전전두피질(prefrontal cortex)을 장악하고 공포나 분노 같은 감정을 불러일으킵니다. 편도체가 탐지하는 위험이 인간을 먹잇감으로 노리는 동물이었던 선사시대에는 이런 체계가 인간에게 유용했던 것으로 보입니다. 하지만 현대에 이런 뇌의 설계는 여러 이유에서 불리합니다.

첫째로 편도체가 받아들이는 신호가 불명확합니다. 편도체는 뉴런 한 개 길이의 초고속 연결망으로 눈과 귀에 연결돼 있지만 뇌에 들어오는 정보 대부분은 편도체가 아닌 다른 곳으로 이동합니다. 편도체가 보는 건 백색소음으로 가득한 텔레비전 화면 같은 정보죠. 둘째로 편도체의 의사 결정 규칙이 '후회하는 것보다는 조심하는 게 낫다'이다 보니 정확하지 않은 정보에 기초해 성급한 결정을 내리게 만듭니다. 하지만 현대사회에서는 물리적인 위협이 드뭅니다. 그보다는 훨씬 복잡하고 상징적인 현실, 예컨대 '나는 지금 공정한 대우를 못 받고 있어' 같은 생각이 위협적으로 다가옵니다. 그 결과 편도체가 뇌의 집행 센터를 장악해 나중에 후회할 행동을 하게 하는 경우가 잦습니다.

집중 회로를 장악한 편도체는 위협으로 감지한 대상에 우리의 주의를 집중합니다. 편도체가 활성화되면 우리는 지각된 위협에 관심을 집중할 뿐 아니라 다른 생각으로 주의가 분산된 뒤에도 그 위험에 대해 계속 생각합니다. 다시 말해 걱정에 빠지는 거죠.

제가 대학생 시절 사로잡혔던 것 같은 되새김 유형의 걱

내면 해독

정에는 내려놓기 수행이 특히 도움이 됩니다. 내려놓기에 관한 뇌 연구는 아직 없지만 다른 연구에서 밝혀진 사실을 토대로 추정하면 되새김되는 걱정에 사로잡혀 있을 때 갑작스러운 방해를 받으면 정신이 맑아질 수 있습니다. 무슨 생각을 하고 있었든 깜짝 놀라면 그 생각이 뚝 끊기는 것과 마찬가지죠. 저는 이런 유의 걱정을 해결하기 위해 이 길에 들어섰고, 결국 린포체 밑에서 배우고 있습니다.

2장
나의 속도 찾기
내면세계의 균형을 찾는 법

린포체의 가르침

현대적 생활 방식에서 가장 도전적인 측면을 묘사한 단어를 하나 고른다면 저는 '신속성(speediness)'을 꼽겠습니다. 요즘은 가정과 직장에서의 삶의 속도가 워낙 빠른 데다 수많은 정보와 자극으로 인해 안정감과 만족감을 느끼는 삶과는 멀어질 수 있습니다.

빠른 속도, 과잉자극, 압박감은 우리를 더 예민하고 연약하게 만들기 때문이지요. 더구나 이런 힘은 우리의 민감한 몸과 마음을 계속 공격합니다. 저는 스트레스를 더 자세히 들여다보면서 신체와 정신은 문제를 일으키는 근본 요인이 아니라는 사실을 깨달았습니다. 우리는 할 수 있는 한도에서 빠르게 움직일 수 있습니다. 만약 그래야만 한다면 꽤 빠른 속도로 생각할 수도 있지요. 그럼 문제는 어디에 있을까요? 무엇이 그렇게 스트레스일까요? 바로 느낌, 감정, 감각, 흐름 같은 에너지의 범주입니다. 우리가 흔히 간과하고 무시하는 중간 영역(gray area)이 문제의 핵심이지요. 티베트 전통에서는 인간의 이런 영역을 꽤 오래전부터 중요하게 여겨 진지하게 다루고 에너지를 건강하고 균형 있게 유지하기 위한 일련의 기술과 지혜를 전수해왔습니다.

앞서 언급했듯 저는 빠른 속도와 스트레스가 제 삶에 미치는 영향을 목격했고 몸소 느꼈습니다. 스트레스는 오랜 시간에 걸쳐 자라나 제게 영향을 미치기 시작했지요. 저는 이 영향이 실제로 어디에서, 어떻게 나타나는지 궁금해 검진까지 받아보았습니다. 신체적인 문제는 아니었어요. 내면을 들여다봐도 다소 예민하고 조급하기는 했지만 정신적인 문제도 없었습니다. 그럼 저의 어떤 부분이 그토록 큰 영향을 받았을까요? 저는 빠른 속도와 스트레스가 무엇보다 제 에너지와 감정, 다시 말해 오늘날 제가 '감정체'라고 부르는 부분에 영향을 미치고 있음을 깨달았습니다.

에너지와 호흡이 몸 아래쪽인 복부에 머무는 것이 아니라 위쪽인 가슴과 머리에 머물고 있음을 자각한 것입니다. 그러자 마음이 부산해지고 균형이 흐트러지면서 불안정해졌던 것이고요. 머리에서 약간의 압박감이 느껴졌고 눈도 조금씩 화끈거렸습니다. 평상시 즐기던 활동이 덜 재밌어졌고 언제쯤 아무것도 안 하면서 하루를 쉬거나 휴가를 낼 수 있을지 생각하며 공상에 잠기기 시작했습니다. 제 자신에게 이런 경향이 나타나고 있음을 인식하자 어디에서나, 제가 만나는 모든 사람과 제가 가르친 전 세계 제자를 비롯해 누구에게서나 비슷한 현상을 발견하게 됐습니다.

다행히도 저는 몸과 마음을 수행하는 기본 훈련이 돼 있어서 체득한 기술로 상황을 바로잡을 수 있었지요. 그리고 이 방법을 공유해보니 다른 사람에게도 도움이 되는 듯했습니다.

잠시 이렇게 해봅시다: 눈을 감고 의식을 몸에 내려놓습니다. 무슨 일이 일어나고 있든 현재 순간에 머뭅니다. 그저 현재를 느껴보세요. 스트레스가 느껴지나요, 아니면 긴장이 풀어지나요? 그게 어떤 기분인가요? 온기, 냉기, 통증, 쾌감, 긴장 같은 몸의 물리적 감각을 조금 더 미묘한 에너지, 즉 시끄러움, 빠름, 불안, 흥분, 고요함 같은 느낌과 구별할 수 있습니까? 무슨 일이 일어나고 있든 상황에 저항하거나 걱정하지 말고 그저 느껴 보세요.

· ◆ ·

세 가지 제한속도

그날 아침 카트만두에서 제가 삶의 속도를 늦추기로 마음먹고 몸의 자연스러운 속도에 맞춰 움직였던 덕분에 저는 몸, 정신, 에너지의 중요한 차이점을 더 잘 이해할 수 있었습니다. 제 문제, 즉 스트레스의 근원이 어딘지 찾아봤을 때 놀랍게도 제 몸이나 정신에서는 그 근원을 발견할 수 없었습니다. 여기서 저는 속도에는 세 가지 종류가 있다는 사실을 깨달았지요. 바로 육체적, 인지적 그리고 감정적 또는 에너지적 속도입니다. 저는 스트레스나 긴장감을 느끼지 않으면서 빠르게 걷고 움직일 수 있었습니다. 필요한 만큼 얼마든지 빨리 움직일 수 있으니 문제는 몸에 있지 않았습니다. 빠르게, 창조적으로 생각할 수 있는 것을 보면 정신에도 아무런 문제가 없었지요. 문제는 균형을 잃고 왜곡된 감정세계(feeling world)에 있었습니다. 그래서 저는 에너지 범주인 감정세계에도 스트레스가 축적된다는 사실을 깨달았습니다. 제 안에서 무슨 일이 일어나는지 더 잘 이해할수록 이와 똑같은 현상이 외부에서, 전 세계에서 나타난다는 사실을 더 확실히 알게 되었습니다. 신속함, 불안, 초조, 스트레스… 그것을 뭐라 부르든 이 문제는 거의 모든 사람과 관련이 있습니다.

저는 이 같은 깨달음을 '세 가지 제한속도'라 명명합니다. 육체적 제한속도, 정신적 제한속도 그리고 감정적 또는 에너지적 제한속도가 그것입니다. 몸에는 그 자체의 건강한 속도가 있지만 감정세계가 왜곡된 방식으로 이를 몰아붙일 때가 있습니다. 그런 초조하고 불안한 에너지에서 나오는 감정은 건강하지 못합니다. 이성적이지 못하기 때문에 왜곡돼 있고 현실과 동떨어져 있지요. 빠른 에너지는 그렇게 할 수 없는 순간에도 지금 당장 그렇게 해야 한다고 말합니다. 불안은 그럴 리가 없는데도, 우리가 위험에 처한 것처럼 죽을 것이라고 말합니다.

몸의 제한속도를 감정세계의 제한속도와 구별할 수 있도록 예를 들어 설명해보겠습니다. 큰 방을 청소해야 한다고 해봅시다. 방에 들어가서 해야 할 일을 파악합니다. 가구를 옮기고 먼지를 털고 닦고 청소기를 돌리는 데 한 시간 정도 걸리겠지요. 이것이 육체적 제한속도입니다. 그런데 감정 세계는 우리가 청소하는 동안 몸의 속도를 존중하여 내버려둘 수도 있지만 "더 빨리 해! 최대한 빨리 끝내! 얼른 끝났으면 좋겠어!"라면서 내내 우리를 다그칠 수도 있습니다. 그러다 보면 청소하면서 계속 스트레스를 받아 20분도 안 돼 녹초가 될 것입니다. 반면 에너지가 느긋하면 자연스러운 몸의 제한속도를 존중해 서두르거나 초조해하지 않으면서 방을 청소할 수 있습니다. 심지어 청소를 마치고 상쾌한 기분을 느낄 수도 있지요.

세 가지 제한속도를 구별하지 않으면 문제를 제대로 진단할 수 있습니다. 적절한 치료법을 쓸 수가 없겠지요. 가장 큰 오해는 빠른 에너지와 빠른 움직임이 같다는 생각에서 비롯됩니다. 그러면 몸의 움직임을 늦추거나 생각의 속도를 늦추려고 계속 애쓰게 되지요. 이런 대처는 효과가 없습니다. 육체와 정신에는 문제가 없기 때문입니다. 게다가 이런 전략은 다른 문제를 유발합니다. 신체와 정신의 속도를 늦추면서 해야 할 일을 제시간에 해낼 수 있을지 걱정되기 시작합니다. 급기야 세상을 두려워하며 마치 세상이 적이라도 되는 것처럼 뒷걸음질하며 피하게 될지도 모릅니다. 하지만 우리는 세상에서 맡은 제 역할을 해내야 합니다. 삶은 빠르게 흘러가고 우리는 그 속도를 늦출 수 없습니다. 우리는 세상 속에서 살아가야 합니다. 몸을 움직이고 마음을 써야 합니다. 생각을 빨리하는 것은 괜찮을 뿐 아니라 유용하지요! 그럼 우리 존재의 세 번째 부분, 감정세계의 이 캄캄하고 음침한 영역은 무엇일까요? 저는 이것이 스트레스를 이해하고 그에 대처하는 핵심이라고 봅니다.

의식을 몸에 내려놓고 그게 무엇이든 감정과 에너지를 느껴보세요. 감정과 에너지의 속도가 빠르고 불안하면 불안한 대로 느긋하고 안정적이면 안정적인 대로 그 상태를 느낍니다. 앉아 있거나 서 있는 채로, 좋아하는 음악에 맞춰 춤을 출 때처럼 몸을 좌우로 흔들면서 엉덩이, 어깨, 팔을 조금씩 움직여보세요. 내면이 긴장된 상태에서도, 이완된 상태에서도 몸을 움직여봅니다. 어떤 느낌이 드는지 지켜봅니다. 내면의 긴장이 전혀 없는 상태에서 평소와 같은 속도나 평소보다 더 빠른 속도로 움직일 수 있는지 살펴보세요.

에너지와 신비체

티베트 전통에서는 표현하기 힘든 이 감정세계를 신비체(神秘體, subtle body)라고 부릅니다. 이 신비체를 관통해 흐르는 에너지는 룽(lung)이라고 하는데 대략 중국의 기(氣)나 인도의 프라나(prana)와 비슷한 개념이지요. 영어에는 이를 묘사할 더 적당한 용어가 없어 통상 에너지(energy)로 칭합니다. 신비체는 감정과 에너지의 세계로 인지적 정신과 물리적 신체 사이에서 작용합니다. 전통적인 티베트 요가의 생리학 원리에 따르면 신비체는 프라나(에너지), 나디(nadi, 통로), 빈두(bindu, 본질)로 구성되지요. 나디는 에너지가 다니는 길의 '구조'로 중국 한의학에서 침술에 활용하는 경맥에 상응합니다. 통로는 울퉁불퉁할 수도, 매끄러울 수도 있고 막혔을 수도, 뻥 뚫렸을 수도 있습니다. 프라나는 나디를 통과해 흐르며 한곳에 정체돼 있을 수도, 순조롭게 흐를 수도 있고 조절되지 않을 수도, 적절히 조절될 수도 있습니다. 빈두는 기쁨, 더없는 행복, 영감, 명료성, 사랑 등의 씨앗으로 생각할 수 있습니다(이에 관해서는 후반부에서 다시 설명할 것입니다).

여기서 다루는 내용과 가장 관련 깊은 것은 에너지인 프라나입니다. 프라나는 숨(breath)과 깊이 연결돼 있습니다.

　　　　　내면 해독

사실 프라나나 룽은 '바람'으로 지칭할 수도 있습니다. 숨은 넓은 의미에서 신체적 프라나의 한 종류로 여겨지기도 합니다. 이는 더 미묘한 내면의 에너지에 영향을 미치지요. 우리가 화들짝 놀라거나 불안함을 느낄 때처럼 고르지 않은 얕은 숨을 쉴 때는 기분과 감정의 에너지인 긴장이 높아집니다. 반면 숨을 깊고 부드럽게 쉬면 내면의 에너지를 조절하고 진정하는 데 도움이 됩니다.

우리의 주요 에너지 중 하나는 티베트 명상에서 '상향(upward-moving) 에너지'라고 부르는 것으로 우리가 행동하거나 반응하거나 신속하게 움직이거나 민첩하게 생각하거나 일을 처리할 때 증가하는 에너지입니다. 이런 에너지는 역동적인 상황에 빠르게 대응하는 데 도움이 되는 능력으로 일상생활에서나 위급 상황에서 아주 유용합니다. 건강한 체계에서는 주어진 일을 끝낸 상향 에너지가 원래 자리인 배꼽 아래로 복귀해 우리가 긴장을 풀고 회복할 수 있습니다.

하지만 과도한 자극이 만성적으로 발생하면 에너지가 원래 자리로 돌아가지 않습니다. 밑으로 내려가지 못하고 몸의 상부, 즉 머리, 목, 어깨, 가슴 등에 계속 머물지요. 상체 이곳저곳을 부산히 돌아다니며 계속 들쑤십니다. 그러면 만성 스트레스 증상이 감지되기 시작합니다. 흔한 신체 증상으로는 예민하고 눈물이 자꾸 고이는 눈, 건조한 입과 입술, 두통, 뻐근한 목과 어깨, 윙윙거리는 가슴 등이 있습니다. 쉽게 상처받거나 감정이 상하고 겁이 많아지며 균형과 안정감을 잃었다고 느낄 수도 있습니다. 빠른 에너지는 침착하지 못하게 하고 불안한 생각을 불러일으키기도 합니다.

3층짜리 집을 상상하면서 이런 상태를 이해하면 더 쉬울지도 모르겠네요. 이 집에서 1층은 신체, 2층은 에너지 또는 감정세계, 3층은 마음입니다. 감정과 에너지 영역인 2층의 균형이 깨지면 에너지가 '위쪽'에 있는 마음에 부딪치면서 초조하고 불안한 생각을 불러일으킵니다. 또 '아래쪽'에 있는 몸에 부딪치면서 여러 스트레스 증상을 촉발하지요. 2층이 균형을 유지하면서 고요하면 우리는 몸을 빠르게 움직이고 빠르게, 창의적으로 생각할 수 있습니다. 그러면서도 동시에 편안하고 건강한 상태를 유지할 수 있지요. 감정과 에너지가 자리한 2층이 바로 스트레스가 축적되는 곳이자 우리가 차분함을 배울 수 있는 곳입니다.

◆ · · ◆ · · ◆

이렇게 해봅시다: 의식을 몸에 내려놓고 감정과 에너지를 느낍니다. 약간의 호기심을 가져봅시다. 에너지는 어디에 있습니

까? 무엇이 에너지고 무엇이 빠른 속성인가요? 이 단계에서는 이미 거기 존재하는 뭔가를 찾고 발견하는 것 이상의 경험은 권하지 않습니다.

— · ◆ · —

이러한 도전은 우리가 감정세계의 자연스러운 제한속도를 넘을 때 찾아옵니다. 현대인의 삶은 빠르게 움직이며 우리는 어릴 때부터 점점 더 많은 것을 하도록 요구받고 있습니다. 아직 10대에 불과한 제 딸아이만 해도 학교 숙제, 시험, 마감, 취미 활동, 대중교통, 소셜미디어를 감당하느라 정신없는 하루하루를 보냅니다. 여기에 직업과 가정이 더해지면 압박감과 분주함은 더욱 쌓이기만 할 뿐이겠지요. 이런 외적 압박은 우리 감각 체계 내에 깊이 자리 잡습니다.

몸의 자연스러운 제한속도를 반복해서 넘으며 정상에 머물면 불안한 희망과 두려움이 생깁니다. 우리 모두가 스스로를 쉽게 서두르고 다그치지요. 뒤처지거나 떨어져 나가는 데 대한 무의식적인 두려움 속에서 속도를 늦추거나 잠시 휴식을 취하거나 변화를 줘야 한다는 감정세계의 메시지를 무시합니다. 이 모두가 타고난 안정감을 훼손하지요.

앞 장에서 우리는 사념에서 벗어나 몸에 안착하는 방법

인 내려놓기를 배웠습니다. 이 수련법을 반복해서 행하면 불필요한 스트레스의 상당 부분을 해결할 수 있습니다. 안정된 기분을 느끼는 데도 도움이 될 수 있지요. 어떤 스트레스는 몸, 마음, 감정세계에 유독 깊이 자리 잡는데 이를 '습관적 패턴'이라고 부릅니다. 학교, 직장, 가정에서 자연적인 제한속도를 많이 넘으면 결국에는 불균형 상태로 지내는 것이 잠재적 습관이나 패턴이 되어버립니다.

이는 시간이 흐르면서 서구에서 '지속적 불안'이라고 부르는 에너지적 장애 상태가 될 수도 있습니다. 마음을 가라앉히고 싶어도 그렇게 하지 못하게 되는 것이지요. 몸의 긴장은 풀어졌어도 마음속에서는 뭔가가 계속 움직이고 있습니다. 그것을 진정시키려고 애쓰지만 멈출 수가 없습니다. 계속해서 윙윙거리기만 합니다. 마치 기어를 중립에 둔 채 가속 페달을 밟는 것과 마찬가지입니다. 엔진 회전 속도는 높아지지만 차는 꿈쩍도 안 하지요. 밤에 침대에 누워 편안히 잠을 청하려고 하는데 도무지 잠이 오지 않는 경험을 해본 사람이 많을 것입니다. '위잉' 소리를 내는 에너지가 몸 구석구석을 돌아다니고 있는 것이지요. 잠자리에서 이리저리 뒤척이며 일 생각을 하고 이런저런 걱정에 빠집니다. 이는 어수선하고 불균형한 에너지가 남아 있음을 의미합니다.

이것이 우리가 연구하고 다시 수련하고 바꿔야 할 부분입니다. 이 장에서의 수련은 에너지를 안정하는 방법에 중점을 둡니다. 스트레스를 해소하는 비밀 열쇠 같은 것이지요.

신속함, 스트레스, 걱정, 불안은 마음에 뿌리를 두고 있지 않습니다. 기민한 정신이나 몸을 빠르게 움직이는 것에는 아무런 문제가 없습니다. 다만, 감정세계에 발생한 빠른 에너지를 느끼고 호흡을 통해 다시 균형을 회복해야 합니다. 이렇게 하면 언젠가는 에너지의 균형을 찾을 것입니다. 세 가지 제한속도의 차이를 분별하고 처리하는 법을 명확히 알게 될 것입니다. 감정세계의 속도를 늦추는 법을 배울 뿐 아니라 몸과 마음의 속도는 늦출 필요가 없다는 점도 깨달을 것입니다. 그러면 빠르게 걸으면서도 차분해질 수 있습니다. 빠르게, 아주 창의적으로 생각하지만 에너지는 차분한 상태로 만들 수 있습니다. 이것이 우리 목표입니다.

쿵후 대가를 생각해보세요. 저는 이소룡을 매우 좋아합니다. 쿵후 대가는 아주 빠르게 움직이면서도 정신적으로 예리하고 빈틈없어야 하는데 이를 잘해낼 뿐 아니라 침착함을 잃지 않지요. 인간의 에너지는 선천적으로 차분하고 이성적입니다. 우리 몸과 마음은 이런 바탕에서 움직입니다. 그런데 에너지 속도가 빠르면 불안과 초조 같은 증상이 나타납니다. 에너지가 균형을 이루면 에너지 속도가 빨라져도 초조해지고 불안해질 가능성이 훨씬 줄어듭니다. 에너지가 빨라졌다 해도 훨씬 빨리 균형을 회복하는 것이지요. 건강한 에너지와 건강하지 못한 에너지를 구별하는 것이 그토록 중요한 이유가 이것입니다. 세상을 살아가려면 건강한 에너지가 필요하니까요.

호흡을 의식하는 명상법을 수련하다 보면 언젠가는 동시성을 경험하게 될 텐데 이 단계에 이르면 에너지를 다루는 데 숙달될 것입니다. 어느 부분을 이완하고 어느 부분을 강화해야 하는지에 매우 능숙해질 것입니다. 다시 말해 육체적, 정신적, 감정적 세계를 각기 움직이는 법을 알게 될 것입니다. 어느 정도 빠르고 어느 정도 느려야 유익한지도 알게 될 것입니다. 실력 있는 무용수가 동작, 정지, 리듬, 표현이 어우러진 안무를 소화하듯이 이 모든 측면을 균형 잡는 데 능숙해지는 것입니다. 그러면 삶이 정말로 즐거워집니다. 에너지와 감정세계는 더없이 편안하게 이완되고 정신은 명민하고 열린 상태며 몸은 부드럽고 매끄럽게 움직입니다. 압박하는 것이 아무것도 없을 때 모든 활동은 춤이 되고 축제가 됩니다.

수련

상향 에너지를 다루는 데 특히 유용한 호흡법 네 가지가 있습니다. 이 기법은 에너지가 본거지인 배꼽 아래로 내려가 그곳에 머물게끔 합니다. 네 가지 방법은 각각이 유익하지만 다 같이 실시하면 더 종합적인 수련이 됩니다. 네 가지는 다음과 같습니다.

1. 깊은 복식호흡 또는 '아기호흡'
2. 몸을 훑어보고 빠른 에너지 느끼는 '바디스캔(body-scanning)'
3. 호흡으로 빠른 에너지 및 의식과 연결되고 모두 배꼽 아래로 내려보내는 '꽃병 호흡'
4. 최소한의 근육 통제에 주로 사용하는 '초미세 수련법'

수련법 1: 깊은 복식호흡 또는 아기호흡

깜짝 놀랐거나 감정적으로 흥분했을 때 또는 스트레스를 받을 때 우리는 보통 흉식호흡으로 더 빠르고 얕게 호흡합니다. 이 과정은 무의식적으로 일어나는데 시간이 흐르면서 습관으로 자리 잡아 우리 몸은 본래의 이완 상태로 호흡하는 방식을 잊어버립니다. 제 전통문화에서는 자연스러운 호흡은 깊은 호흡이라고 믿습니다.

◆ · · ◆ · · ◆

호흡 연습을 위해 이완된 자세를 찾습니다. 앉은 자세, 누운 자세 모두 괜찮습니다. 바닥이나 의자에 앉아 연습할 때는 등을 곧게 펴지만 경직되지 않고 꼿꼿하면서도 이완된 자세를 찾아보세요. 몸은 사람마다 모두 다르므로 손과 발의 위치는 중요하지 않습니다. 몇 가지 자세를 잡아보면서 곧으면서도 편안한 느낌이 드는 자세가 있는지 살펴봅니다. 어떤 자세를 취하든 이완된 상태여야 한다는 점이 가장 중요합니다.

TIP: 의자에 앉아 있다면 의자에서 가부좌를 틀거나 발이 바닥에 닿게 앉아보세요. 이 자세가 안 되더라도 걱정할 필요는 없습니다. 바닥에 누워 있다면 척추를 곧게 하고 가능할 경우 발바닥이 바닥에 닿은 상태로 다리를 굽혀보세요.

다음으로 손을 아랫배에 둡니다. 양손 엄지는 대략 배꼽 높이에 자리해야 합니다. 어깨와 팔의 긴장을 풉니다. 배로 부드럽게 호흡하기 시작하면서 숨을 쉴 때마다 배와 양손이 오르내리게 합니다. 의식을 오르내리는 배와 손에 둡니다. 목, 어깨, 가슴을 완전히 이완해 긴장된 곳이 없게 합니다. 상체는 충분히 쉬게 하고 거의 모든 움직임이 아랫배에서 이뤄지게 합니다.

TIP: 배에서 호흡을 느끼거나 호흡을 의식하면서 몸의 긴장을 완전히 푸는 것이 힘들면 발을 바닥에 대고 무릎은 접은 자세로 누워보세요. 두꺼운 책처럼 중간 크기의 무게가 조금 나가는 물건을 배 위에 올려둡니다. 복식호흡을 연습하면서 물건이 오르락내리락하는 것을 느껴보세요. 몸과 의식이 호흡 연습에 자리 잡는 데 도움이 될 수 있습니다.

편안한 기분이 들고 규칙적인 리듬으로 호흡하고 있다면 더 깊이 호흡하면서 배와 손이 숨 쉴 때마다 오르내리게 합니다. 그런 다음 숨을 완전히 들이쉬었을 때와 내쉬었을 때 잠깐씩 멈춰봅니다. 다시 말해 숨을 완전히 내쉬고 몇 초 멈췄다가 숨을 들이쉬는 것이지요. 숨을 끝까지 들이쉰 뒤에는 다시 몇 초 멈췄다가 내쉬기 시작합니다. 이렇게 멈추는 순간에 몸은 이완되고 편안한 상태여야 합니다. 숨이 가쁘거나 불편한 느낌이 들 때까지 숨을 참지는 마세요. 누가 더 잘하는지 겨루는 것도 아니고 숨을 더 오래 참는다고 반드시 더 좋은 것도 아닙니다. 이 호흡법은 점진적인 연습이며 우리는 그저 숨을 쉬는 새로운 방식을 탐색하는 것입니다.

TIP: 언젠가 당신은 들숨과 날숨 중 언제 숨을 멈추는 것이 더 유리한지 알게 될 겁니다. 그게 어느 쪽이든 자신에게 더 유익하다면 그렇게 하세요. 시간이 지나면서 숨 참기가 점점 더 편안해지고 참는 시간도 자연스럽게 늘어나게 됩니다.

마지막으로 몸을 이완 상태로 유지하면서 복식호흡을 계속합니다. 몸이 깊고 규칙적인 복식호흡을 즐기도록 내버려둡니다. 온몸의 체계가 고요해지고 세상일에 전혀 신경 쓰지 않고 편히 쉬는 아기처럼 모든 것을 놓아 보냅니다. 편안하게 느껴지는 한 수련을 계속합니다. 깊은 복식호흡 방법은 다른 기법으로 이어지지 않아도 그 자체로 수많은 효과가 있습니다.

---·◆·---

수련법 2: 바디스캔

바디스캔의 목적은 빠른 에너지나 불안하고 초조한 느낌을 찾아 그것과 연결되는 것입니다. 여기서는 관대하면서도 호기심 어린 태도로 접근하는 것이 중요합니다. 그렇지 않으면 '신속성'을 제거해야 할 적이나 부정적인 질병으로 생각하게 됩니다. 그러지 말고 지나치게 흥분한 아이를 안정시킨다고 생각해 보세요. 이 방법은 '선택 없는 인식(choiceless awareness)'에 집중하는 식의 전통적 바디스캔 기법과는 조금 다릅니다. 빠른 에너지에 선택적으로 의식을 집중하는 것이기 때문이지요. 첫 번째 수련과 마찬가지로 바디스캔 수련 역시 그 자체로 많은 이점이 있을 뿐 아니라 세 번째 수련인 쿰박(khumbak), 즉 가벼운 꽃병 호흡법을 준비하는 중요한 단계기도 합니다.

◆ · · ◆ · · ◆

이 수련법은 등을 곧게 펴면서도 온몸이 편안한 자세를 찾는 데서 시작합니다. 앉은 자세여도, 누운 자세여도 됩니다. 몇 차례 숨을 쉬는 동안 내려놓기 연습을 하며 여유가 있다면 깊은 호흡을 몇 분 동안 해도 좋습니다.

그런 다음 의식을 에너지적 감정체로 가져와 '빠른 에너지'를 탐색합니다. 몸을 훑어보는 방법에는 두 가지가 있습니다. 하나는 몸 전체를 지나며 의식을 이동하는 것이고 다른 하나는 필요한 곳에 곧바로 의식을 가져가는 것입니다. 빠른 에너지가 어디에 있는지 이미 안다면 바로 그곳에 의식을 두면 됩니다. 알지 못한다면 머리, 얼굴, 목, 어깨, 등, 가슴으로 조금씩 의식을 옮겨 가며 살펴봅니다. 호기심 있고 관대한 태도로 탐색해야 한다는 것을 잊지 마세요. 중요한 점은 느낌과 감정에 연결되는 것입니다. 이 수련의 목적은 특정한 감정이나 느낌을 찾는 것이 아니며, 이 단계에서 그것을 바꾸려고 하는 것도 아닙니다. 그저 에너지의 신속성과 초조함에 대해 살펴보는 것입니다.

---- · ◆ · ----

빠른 에너지와 연관된 느낌과 감정은 꽤 미묘할 수 있습니다. 더 깊이 탐색해나갈수록 긴장감, 통증, 열감, 건조감 같은 더 명확한 신체감각뿐 아니라 얼얼함, 떨림, 윙윙거림 같은 그 감각은 강화될지 모릅니다. 수련을 계속하면서 호기심을 갖고 느껴지는 모든 느낌을 열린 마음으로 받아들이며 온몸을 몇 번이고 되풀이해 훑어봅시다.

수련법 3: 지식(止息)이 포함된 가벼운 꽃병 호흡

꽃병 호흡이라고 불리는 이 수련법은 전통 호흡법의 덜 엄격한 버전입니다. 이 수정 버전은 명상 지도자 없이 혼자 수련할 수 있긴 하지만 지시 사항을 잘 따르고 자신의 몸에 귀기울여야 합니다.

가벼운 꽃병 호흡법에서는 모든 것이 하나로 모입니다. 복식호흡과 바디스캔 기술을 바탕으로 호흡, 빠른 에너지, 의식을 하나로 모아 배꼽 아래 묶어두는 법을 배웁니다. 우리에게는 빠른 에너지를 따라가려는 습관이 있기 때문에 이 수련을 여러 차례 반복해야 합니다. 몸은 이완된 상태를 유지하면서 아주 가볍게 압력을 가해야 한다는 점이 매우 중요합니다. 몸에 힘이 들어간 상태에서 너무 세게 밀어붙이면 오히려 역효과를 내 에너지가 더 불균형해질 수도 있습니다. 특히 상복부의 태양신경총과 흉골 주위가 너무 많이 긴장되면 흐름이 막혔다고 느낀 에너지가 가슴과 머리로 되돌아올 수 있지요. 그러면 사실상 일시적으로 몸이 더 악화됩니다.

이는 매우 섬세한 수련법이라 실제로 해보면서 적절한 균형점을 찾는 것이 중요합니다. 이 방법을 이해하고 시각화하는 데 도움이 되는 두 가지 주요한 비유가 있는데 프렌치 프레스(French press)와 풍선입니다. 두 기술은 서로 다른 경험으로 귀결될 수 있으므로 어떤 것이 본인에게 더 자연스럽고 도움이 되는지 각자 경험하며 확인합니다.

척추를 곧게 편 상태에서 몸 전체가 이완된 자세를 찾는 것으로 시작합니다. 앉은 자세도, 누운 자세도 괜찮습니다. 몇 분 동안 몸은 준비합니다. 그리고 빠른 에너지의 흔적을 살피면서 초조함, 불안, 윙윙거림의 흔적을 찾습니다. 에너지를 감지했으면 다음 단계로 넘어갑니다.

프렌치 프레스 호흡법: 편안하고 안정된 상태를 유지하면서 숨을 끝까지 내쉽니다. 콧구멍으로 숨을 들이쉬는 동안 초조하고 빠른 에너지와 들숨이 섞이면 마치 원두커피 찌꺼기를 용기 바닥까지 꾹 밀어 내리는 프렌치 프레스처럼 이를 지그시 밀어 내린다고 상상합니다. 빠른 에너지는 상체에서 위를 지나 본래 집인 배꼽 아래로 밀려 내려갑니다. 그런 다음 거기서 몇 초 동안 숨을 참습니다. 에너지가 '꽃병' 안에 담겨야 하므로 대변을 볼 때 사용하는 근육을 이용해 아주 부드럽게 아래로 밀어 내려 에너지를 그곳에 가둬둡니다. 세차게 밀어붙일 필요는 없습니다. 숨을 끝까지 내쉰 뒤 들이쉬고, 이 과정을 반복합니다.

풍선 호흡법: 이 방법은 본질적으로 신체 면에서는 프렌치 프레스와 동일한 수련법이지만 프렌치 프레스의 이미지가 너무 강력해 자기도 모르게 너무 세게 밀어 내리는 사람도 생깁니다. 그러면 프렌치 프레스 대신 배꼽 밑 아랫배에 풍선이 있다고 상상해봅니다. 여기서는 위에서 아래로 뭔가를 밀어 내리는 상상을 하지 않습니다. 숨을 들이쉴 때마다 풍선이 차츰 부풀고 숨을 내쉴 때마다 풍선이 쪼그라드는 모습을 상상합니다.

몸과 마음이 이완된 편안한 상태로 숨을 끝까지 내쉬면서 풍선의 공기를 뺍니다. 숨을 들이쉬면서 텅 빈 풍선이 숨과 빠른 에너지를 빨아들여 풍선이 배꼽 밑에서 꽉 차오른다고 상상합니다. 꽉 찼을 때 풍선 꼭지를 조심스럽게 '잡아 묶어서' 에너지가 빠져나가지 못하게 막습니다. 대변을 볼 때 사용하는 근육을 아주 조심스럽게 사용해 지그시 밀어 내립니다. 숨을 몇 초 동안 참으세요. 숨을 끝까지 내쉬고 이를 계속 반복합니다.

· ✦ ·

이런 식으로 숨을 참을 때 혹시라도 너무 무리해서 헐떡이는 지경에 이를 때까지 참으면 절대 안 됩니다. 몇 초씩 숨을 참는 데서 시작해 며칠 혹은 몇 주에 걸쳐 점진적으로 간격을 늘려나갑니다. 규칙적으로 수련하면 억지로 애쓰지 않아도 숨을 참는 시간은 자연스럽게 늘어납니다. 예컨대 처음에 2~3초 숨을 참는 것으로 시작했다면 얼마 뒤에는 10초, 시간이 더 지나면 15~20초까지 버틸 수 있습니다. 이는 보통 신비체의 긴장이 더 많이 완화되고 에너지를 더 잘 통제할 수 있게 됐다는 신호이므로 매우 좋은 신호입니다.

머리나 가슴이 긴장되고 경직된 느낌이 들거나 머리가 몽롱하고 어지러우면 긴장했거나 너무 심하게 밀어붙였거나 너무 오랫동안 숨을 참은 것일지 모릅니다. 그럴 때는 수련을 중단하고 잠시 휴식을 취하세요. 그리고 다시 가벼운 꽃병 호흡과 바디스캔을 시작해 긴장이 어디에 쌓이는지 확인합니다. 그 부분을 이완해보세요.

수련법 4: 초미세 수련법

마지막 수련법은 다른 수련법에 어느 정도 능숙해졌을 때를 위한 훈련입니다. 복식호흡을 수월하게 할 수 있고 빠른 에너지를 의식해 본래 자리인 배꼽 아래에 주기적으로 돌려보낼 수 있다면 비로소 이 네 번째 수련법을 시도할 수 있습니다. 에너지와 의식 사이에 연결을 형성했으니 이제는 그 연결점을 이용해 거의 아무런 수고도 들이지 않고 빠른 에너지를 내려보낼 수 있습니다. 앞에서 배운 수련법이 정말 유용함을 깨달았다 해도 자리에서 일어나 다른 일을 시작하면 빠른 에너지가 되돌아와 활성화됩니다. 숨을 참고 있으면 평소처럼 대화를 나누고 일상을 살아갈 수 없으니까요! 이 수련법은 지금껏 배운 방법과 일상생활을 잇는 다리 역할을 합니다. 말하고 움직이고 일하고 일상의 활동을 하는 동안 수련법의 이점이 지속될 수 있게 해줍니다.

몸의 에너지 연결점을 머릿속으로 그리면서 숨을 내쉬며 시작합니다. 숨을 들이쉬면서 들숨, 에너지, 의식을 배꼽 아래로 내려보낸다고 상상합니다. 일단 몸에 가벼운 신호를 보내는 정도로만 근육을 아주 살짝 움직이고 가슴과 어깨는 이완된 상태로 편안하게 둔 채 에너지와 호흡의 10퍼센트는 몸 아래쪽 '꽃병'에 두고 그 위에서 숨이 자연스럽게 들고 나게 합니다. 최대한 평상시와 같은 자연스러운 상태를 유지합니다. 이 수련은 겉으로 티가 잘 나지 않아서 명상 수련을 하고 있다는 사실을 남들이 눈치채지 못할 정도랍니다.

처음에는 삶에 끊임없이 의식이 쏠려 자꾸 흐름이 끊길 것입니다. 그럼 그저 호흡으로 돌아와 몸과 다시 연결되면 됩니다. 그냥 계속 반복하세요. 차츰 새로운 습관이 형성되면서 점점 더 쉬워집니다. 온종일 더 안정되고 예전에는 스트레스가 느껴졌을 상황을 대하기가 훨씬 쉬워진 느낌이 듭니다. 이 방법은 회의가 길어질 때 정말 유용하답니다!

골면의 증명

2000년 3월의 일입니다. 저와 제 아내는 린포체와 함께 택시를 타고 델리역으로 가는 중이었죠. 당시 저희는 인도 북서부 다람살라(Dharamshala)로 가는 기차를 예약해뒀습니다. '파괴적인 감정'을 주제로 달라이 라마와 심리학자 몇 명이 모이는 행사가 열리는데 제가 그 행사를 진행하기로 돼 있었거든요.

충분히 여유 있게 출발했지만 교통 체증이 심한 탓에 점점 시간이 촉박해졌습니다. 솔직히 털어놓자면 시간이 흐를수록 기차를 놓치지 않을까 하는 걱정에 조마조마 해졌습니다. 파괴적인 감정이 제 마음을 장악해버린 거죠.

마치 도로가 아니라 자동차(그리고 마차, 소, 자전거 인력거가 간간이 섞여 있는)가 꽉 들어찬 주차장 같았던 두 대로의 교차로에서 적색 신호에 걸려 택시가 멈춰 있을 때는 특히 불안감이 끓어올랐습니다. 빨간불이 무한한 시간 동안 켜져 있는 듯했죠.

적색 신호등 한가운데 은색 글씨로 적힌 "느긋하게"라는 문구는 제게 조금도 와닿지 않았습니다. 느긋해질 수가 없었어요. 오히려 점점 더 긴장됐습니다. 제 주변을 휘몰아치는 색깔, 소리, 냄새에 머리가 빙빙 돌았습니다. 차선에 서 있는 차들은 꿈쩍도 안 했지만 사방의 운전자들은 저마다 시끄럽게 경적을 울려가며 답답한 마음을 표출했습니다. 절대 풀리지 않을 것 같은 난감한 교통 체증 속에서 조급한 마음은 갈수록 커지기만 했습니다.

"이런 세상에!" 저는 린포체에게 말했습니다. "어쩌면 길이 이렇게 꽉 막힐 수 있는지. 기차를 탈 수 있을지 걱정되는데요."

그러자 린포체가 침착하고 부드러운 목소리로 말했습니다. "재촉하는 에너지가 느껴지나요? 어디서 느껴지는지 찾을 수 있겠어요?"

눈을 감고 몸 구석구석을 살피니 윙윙거리는 감각과 갈수록 커지는 긴장감이 배에서 느껴짐을 알 수 있었죠. 저는 고개를 끄덕였습니다.

린포체가 말했습니다. "그걸 찾아서 느껴보세요. 그 느낌은 당신이 아닙니다. 당신의 마음도 아니고 몸도 아닙니다. 그건 당신의 에너지예요." 그리고 이렇게 덧붙였습니다. "처음에는 몸에서 느끼는 것, 즉 재촉하는 마음만 감지하면 됩니다. 그런 다음 당신이 감정세계와 파장을 맞추고 있다는 것을 이해하세요. 몸의 어디에서 재촉하는 에너지가 느껴지는지 찾아보세요. 그리고 숨을 들이쉬고 배꼽 아래로 내려보낸 다음 할 수 있는 만큼 숨을 참으세요. 천천히 숨을 내쉬면서 공기의 10퍼센트 정도만 남겨두세요."

저는 린포체의 설명을 들으면서 숨을 깊이 들이쉬고 천천히 내쉬었습니다.

린포체는 이런 식으로 제가 여러 차례 호흡할 수 있게 옆에서 이끌었습니다. 그리고 거의 기적처럼 긴장이 풀렸습니다. 신호가 바뀌어 차들이 다시 움직이기 시작했고 제 마음은 한결 편안해졌습니다.

바로 그 자리에서 린포체는 제가 바디스캔과 가벼운 꽃병 호흡을 할 수 있도록 지도해준 것입니다. 조금 전 배웠듯이 가벼운 꽃병 호흡은 호흡을 통해 초조한 에너지를 진정하는 방법 중 하나입니다.

호흡을 통제하는 훈련은 인도에서는 아주 오래된 수행법으로 9~11세기 불교와 함께 티베트로 전파됐습니다. 이런 몇 가지 호흡법이 지켜져 내려와 오늘날에도 여전히 티베트 불교의 다양한 영역에서 전수되고 있습니다.

호흡법의 목적은 명상하기 전에 마음을 고요하게 하는 것으로 그 효과는 과학적으로도 증명됐습니다.

믿을 만한 연구 결과가 이런 호흡법의 영향력을 보여줌

니다. 최근 10~20년 동안 과학자들은 호흡 조절 방식에 주목해 호흡법이 인간의 정신 상태에 강력한 영향을 미친다는 사실을 깨달았습니다. 간단히 말해 호흡 조절이 마음 조절에 도움이 된다는 겁니다.

뇌 감정회로의 주요 부분은 위협을 감지하는 레이더인 편도체에 의해 발동됩니다. 스트레스가 많은 오늘날에는 편도체가 필요 이상으로 활성화되고 우리가 사로잡혀 있는 속도감은 스트레스를 가중하죠.

이는 우리 몸을 위급 상황에 대비시키는 곳인 '교감신경계'를 활성화합니다. 그러면 심장박동수와 혈압이 높아지고 기관지가 확장돼 더 빨리 호흡할 수 있고 소화작용이 중단되며 더 잘 싸우거나 뛸 수 있도록 피가 장기에서 팔다리로 이동하고 땀이 납니다.

이 같은 비상 대응은 모든 체계를 동원해 위급 상황에 대비하는 아드레날린과 코르티솔 같은 호르몬에 의해 유발됩니다. 이 생물학적 작용이 오늘날에는 너무 자주 시작되죠 (굼벵이같이 느린 차, 무시무시하게 빠른 차, 아이들 문제, 끔찍한 상사까지!).

일단 스트레스 호르몬 분비가 급증하면 그 뒤로는 스트레스 반응이 더 쉽게 일어납니다. 그리고 앞에서 논의했듯이 현대에는 이런 반응이 물리적 생존의 위급 상황뿐 아니라 누군가 나를 부당하게 대한다고 느낄 때 같은 상징적 위협에도 촉발됩니다. 부당한 대우를 받는 건 물론 기분 나쁜 일이지만 투쟁-도피 반응을 통해 해결해야 하는 위협은 아닙니다. 그런데도 부당한 대우 같은 심리적 위협을 느낄 때 물리적 생존을 위한 생물학적 기제가 작용하는 겁니다.

이 투쟁-도피 반응은 하루에도 수차례 일어나 반응이 사라질 틈도 없는 경우가 허다합니다. 그리고 장기간 지속적으로 일어나는 투쟁-도피 반응은 생리작용을 혹사해 염증이 증가하고 면역체계가 약해지고 스트레스 악화 질병을 앓기 쉬워지는 등 장기적인 대가를 초래하죠.

이 비상 모드에서는 우리가 더 중요한 일을 하려고 애쓰더라도 주의의 초점이 당면한 위협을 향하고 우리를 혼란스럽게 하는 상황으로 돌아오게 합니다. 이 반응은 너무 강력해서 새벽 2시까지 이 문제를 어떻게 해결해야 할지 고민하고 있게 하기도 합니다. 1장에서 설명했듯이 이런 종류의 불안한 걱정은 아무 효용이 없습니다. 어떤 사람은 슬퍼하거나 화를 내고 어떤 사람은 겁에 질리겠죠. 정해진 반응이 따로 있는 건 아니지만 그 어떤 반응도 우리에게 도움이 안 됩니다.

이를 몸이 휴식을 통해 스트레스에서 회복됐을 때의 생리적 상태인 '부교감신경계 반응'과 비교해봅시다. 심장박동수와 혈압이 가라앉고 호흡이 느려지고 위급 상황에 나타났던 다른 생리적 변화도 진정됩니다. 소화 기능도 평소처럼 일을 합니다. 몸이 쉬고 회복하고 긴장을 푸는 생리적 상태죠. 우리는 먹고 관계하고 잠을 잘 수 있습니다.

우리에게 다시 마음을 가라앉힐 기회가 있다면 위급 상황에 대응하는 몸의 반응은 시작(반응이 촉발된 시점)된 후 중간(최고 정점에 이른 시점)을 지나 끝(평온한 상태로 되돌아온 시점)이 납니다. 린포체가 알려준 호흡 조절법은 바로 우리를 사로잡고 있는 이 스트레스의 순환이 끝나도록 인도해 줍니다.

명상의 스트레스 감소 효과

인도에서 15개월을 보내는 동안 아시아의 정신 수양법을 수련하고 가르치는 수행자를 많이, 정말 많이 만났습니다. 인도에서 하버드대학으로 돌아왔을 때는 위에서 언급한 호흡법을 비롯한 요가 수행법을 잘 배워둔 덕을 봤죠. 경험 많은 요가 수행자, 승려를 비롯한 여러 스승을 만나면서 저는 이분들이 뭔가 중요한 것, 즉 현대 심리학에서는 간과해

온 마음을 다루는 법에 관심을 두고 있다는 확신이 들었습니다.

제가 하버드대학원에서 임상심리학을 공부하던 1970년대 초반 당시 임상심리학은 정신분석학적 관점이 주류였고 교수님들은 그 외 견해는 잘 수용하지 않았습니다. 특히 인간 의식에 관한 동양의 접근법에는 완전히 폐쇄적인 입장을 취하셨죠. 특히 제 대학원 동기인 리처드 데이비드슨이 동양의 정신 수행법을 주제로 박사 논문을 쓰겠다고 하자 그 결정이 "경력이 끝장나는" 행보라고 단도직입으로 말하신 탓에 더 명확해졌습니다.

그러나 저 역시 박사 논문에서 그런 연구를 해보고 싶었습니다. 저는 제 연구를 평가하고 보증해줄 논문 심사 위원을 대학 내에서 찾아야 했지만 저를 가르친 교수님 대부분은 그런 주제에 전혀 관심이 없었습니다. 그런데 유일하게 제 편을 들어주던 데이비드 맥클리랜드(David McClelland) 교수님이 소개해주신 하버드의과대학의 한 내과 전문의 한 분이 논문 심사위원 자리를 흔쾌히 수락해주셨습니다. 바로 심장병 전문의인 허버트 벤슨 박사(Dr. Herbert Benson)였습니다.

벤슨 박사는 명상이 심장학의 중대 관심사인 혈압 저

하에 효과가 있다고 나타난 예비 연구를 진행한 적이 있습니다. 그는 관련 연구를 심화해 베스트셀러가 된 책 《이완반응》을 펴냈죠. '이완반응'은 '부교감신경계 각성(parasympathetic nervous system arousal)'이라는 어려운 의학 용어를 독자가 쉽게 이해할 수 있도록 표현한 말입니다.

벤슨 박사는 지금은 상식이지만 당시에는 새로운 발견이었던 사실, 즉 이완반응이 일어나는 동안 몸이 어떻게 투쟁-도피 모드의 비상 각성 상태에서 회복의 생물학적 모드인 깊은 이완 상태로 진입하는지를 설명했습니다.

그는 이완반응을 유도하는 동양의 수행법이 고혈압, 천식 등 스트레스로 악화되는 다양한 질환을 앓는 사람에게 도움이 될 수 있는 비의학적 중재법이라고 봤습니다. 그의 관심은 명상 같은 정신적 수련법에 집중됐고 명상을 본래의 영적인 맥락에서 분리해 종교적 신념과 관계없이 누구든 활용할 수 있게 했습니다.

유사한 동양의 정신 수련법에 호흡법이 동반되는 경우는 아주 흔했습니다. 과학자들은 최근에 이르러서야 호흡을 조절할 때, 특히 호흡 속도를 늦출 때 뇌와 몸에서 무슨 일이 일어나는지 연구하기 시작했습니다. 반대로 스트레스와 불안은 당연히 호흡이 더 빨라지게 합니다.

느린 호흡이 뇌, 정신, 신체에 미치는 영향을 조사한 연구에서는 대체로 부교감신경계 모드로의 뚜렷한 전환이 발견됩니다. 1,000~2,000년 전에 살던 요가 수행자들에게는 전혀 놀라운 일이 아닐 겁니다(물론 그들에게 교감신경계와 부교감신경계에 관해 먼저 설명해야겠지만 말입니다). 교감신경계에서 부교감신경계로의 전환은 고대부터 수많은 영적 수행법이 호흡법을 수행의 일부로 포함한 이유 중 하나였습니다.

호흡을 조절하는 방법에는 호흡을 늦추기, 깊이 들이쉬기, 들숨과 날숨의 길이 바꾸기 등 여러 가지가 있습니다.

여기까지 읽으면서 배운 호흡법을 직접 해보셨나요? 혹시 아직 안 해봤다면 지금 한번 해보세요. 호흡을 조절하는 것이 정신과 신체 상태를 어떻게 변화시킬 수 있는지 시험해보는 겁니다. 빠른 에너지에 대처하기 위해 자연적인 호흡에 변화를 주는 네 가지 방법을 지금 막 배웠으니까요.

산스크리트어로 프라나야마(pranayama)라고 불리는 호흡 조절법은 이 호흡법들을 다방면으로 사용했습니다. 호흡 조절에 관한 현대 연구는 이를 영적인 맥락에서 분리하고 실험실로 가져와 호흡 조절이 웰빙, 건강, 이완, 스트레스 완화에 어떤 효과가 있는지 조사했지요. 그렇게 함으로써 과학자들은 호흡 조절 자체를 정신 수행, 하타 요가, 그 외 전통적으로 요가와 연결 지어지던 수행법과 구별해야만 했습니다.

호흡 조절에 관한 과학적 연구 결과를 가장 엄격하게 검토한 문헌 연구에서는 호흡 횟수를 분당 10회 이하로 낮출 때의 이점을 조사했습니다. 참고로 정상적인 호흡 횟수는 분당 12~16회입니다. 이 연구는 호흡을 조절하는 과정 없이 그저 호흡을 의식하는 데만 주력하는 수행법은 제외했습니다. 참가자의 느낌을 다룬 연구 역시 제외했고요. 과학자들은 참가자의 개인적 이야기는 뇌파 같은 객관적 지표보다 신뢰도가 낮다고 봤습니다. 뇌파는 참가자 각자의 기대에서 비롯된 편견의 영향을 받지 않기 때문입니다.

호흡을 분당 6회까지 늦췄을 때, 심장박동과 그 다음번 심장박동 사이의 시간을 측정해 얻는 수치인 심박변이도 (heart rate variability, HRV)에 눈에 띄는 영향이 있었습니다. 심장박동수는 여러 생물학적 힘이 상호작용한 결과입니다. 그중 두 가지 주요한 힘은 심박수를 높이는 투쟁-도피 모드와 심박수를 낮추는 이완 모드입니다. 현대인은 정신없이 바쁜 삶을 살다 보니 대체로 심장이 더 빨리 뛰어 심장박동 간격이 더 좁습니다.

반직관적으로 느껴질지 모르지만 심장박동 간격이 길어졌다 짧아졌다 하는 것은 변화에 적응할 준비가 돼 있음을 나타냅니다. 심박 사이 시간차는 신경계의 교감신경계와 부교감신경계 사이에서 계속되는 줄다리기에서 비롯됩니다. 우리가 휴식을 취할 때 심박의 시간 간격에 차이가 없다면 이는 보통 한 신경계, 그중에서도 특히 투쟁-도피 모드에 주도권을 내줘 끊임없이 스트레스를 받는 상태임을 의미합니다. 그래서 문헌 연구를 진행한 과학자들은 심장박동 사이 시간 간격 변화가 건강한 이완 모드를 의미하며 아마도 느린 호흡에서 나타나는 긍정적인 변화를 가져오는 생물학적 요인 중 하나일 수도 있다고 설명합니다. 느린 호흡에 관한 연구는 이 같은 심박변이도 상승이 최적의 신경 기능과 생물학적 기능인 '의식이 또렷한 이완(alert relaxation)' 상태에 이르는 수단이라고 보기도 했습니다.

모든 연구를 요약하면 호흡 속도를 늦추는 훈련을 한 사람은 심장박동 사이 시간 간격에 변화가 나타나는, 건강에 유익한 효과와 함께 더 편안하고 안락한 기분이 들며 긴장

내면 해독

이 더 많이 완화되고 긍정적인 에너지와 좋은 기분이 들었다고 보고했습니다. 이런 결과는 사람들이 호흡 속도를 분당 10회로 늦췄을 때 확인됐으며, 분당 6회일 때는 이로운 효과가 더 커졌습니다. 그리고 양쪽 모두 정상 호흡보다 건강에 훨씬 유익했습니다.

느린 호흡은 뇌 기능에도 상당한 변화를 낳는 것으로 보입니다. 뇌파검사인 뇌파전위기록술(electroencephalography, EEG) 연구는 느린 호흡에 동기화된 알파파 증가가 따른다는 사실을 발견했는데 이는 뇌가 자동차 공회전과 같은 휴식 상태에 돌입했음을 의미합니다. 뇌 상태의 이 같은 변화는 불안과 분노, 혼란이 감소하고 활력이 높아지는 등의 효과와 관련이 있습니다.

관련 연구가 아직 충분하지는 않지만, 지금까지의 연구에 따르면, 느린 호흡은 뇌와 심장계, 호흡계를 '이완반응'으로 이끌어 우리가 회복되고 이완된 각성 상태를 유지할 수 있게 해주는 것으로 보입니다. 그리고 제가 인도에서 지낼 때 만난 명상 대가와 델리의 꽉 막힌 도로에서 잔뜩 긴장하며 불안해할 때 린포체에게 배운 것이 바로 이것입니다.

3장

나와 악수하기
마음속 아름다운 괴물과 친구가 되는 법

린포체의 가르침

네팔에서 보낸 어린 시절과 열세 살 이후 인도에서 지내던 시절, 저는 티베트 불교 승려에게 가르침을 받으며 깊은 배움을 얻는 복된 성장기를 보냈습니다. 당시 제 신체 조건은 특별할 것이 없었지만 정신적 측면은 매우 풍성했습니다. 따뜻하고 친절하고 뛰어난 스승들에 둘러싸여 지내면서 그분들을 존경하고 여러모로 의지했지요. 스승들은 마음, 삶, 일을 대할 때 유용한 방법을 가르쳐주셨습니다.

하지만 청소년기에 접어들면서 전과는 다른 감정 패턴과

내적 갈등이 생기기 시작했습니다. 당시 저는 강도 높은 교육 프로그램을 이수 중이었는데 남들보다 늦게 시작한 탓에 따라잡기 위해 열심히 노력해야 했지요. 선한 생각과 악한 생각에 어떤 차이가 있고 악한 생각이 어떤 끔찍한 결과를 초래하는지 다룬 고전 문헌을 공부하면서 제 마음에 떠오르는 생각 하나하나를 찬찬히 들여다보았습니다. 생각을 집중해 지켜보면서 저는 문득 두렵고 괴로워졌습니다. 부정적인 생각이 너무 많은데 그것을 통제할 수 없었던 것입니다! 스스로에 대한 비난과 괴로운 감정이 마음을 계속 채울 뿐이었지요. 그 하나하나를 날카롭게 인식하면서 부정적 카르마를 계속 쌓고 있다는 생각에 점점 더 겁에 질렸습니다. 애시당초 이런 부정적 생각과 감정을 불러들인 제 자신을 혹독히 비난하며 끊임없는 부정적 순환에 갇혀버린 기분이 들었습니다. 저는 정신적으로 불안정해졌고 일종의 신경증 증세까지 느꼈습니다. 아주 불편한 상태가 몇 달간 지속됐습니다.

다행히도 학년이 끝나고 가족들이 있는 집으로 돌아가 아버지에게 받은 가르침은 제가 그 상태에서 벗어나는 데 도움이 됐습니다. 이 경험으로 저는 소중한 교훈을 얻었습니다. 마음챙김이 잘못된 결과를 부를 수도 있다는 것을요!

저는 모든 생각을 알아챘지만 그 생각을 어떻게 해야 하는지는 몰랐습니다. 그저 알아차리고 챙기는 것만으로는 충분하지 않습니다. 마음챙김은 효과가 강력한 수단이지만 그것이 어떤 실질적인 길이 되려면 뭔가가 더 필요합니다. 예를 들어 저는 애정 어린 친절, 인내, 통찰, 진실성이 필요하다는 것을 배웠습니다. 이런 마음 자세가 갖춰지지 않으면 마음챙김은 다른 사람을 더 잘 속이거나 더 능숙하게 조종하거나 해치는 등 그 무엇에든 이용될 수 있지요. 자기 생각과 감정을 의식하는 것은 바람직한 첫걸음이지만 적절한 기술, 통찰, 관점이 없으면 이를 능수능란하게 다루기가 힘들 수도 있습니다.

이후 청년기에 접어들면서 저는 큰 압박과 기대라는 도전에도 맞서야 했습니다. 우리 라마교 승려들은 거의 불가능할 정도로 높은 기준에 따라 살아야 했습니다. 대다수 승려가 그랬듯이 우리도 그 기준을 받아들인다면 거의 얼어붙은 것과 다름없는 긴장 상태로 살아야했지요. 우리는 보통 근대 이전 시대에 속세를 떠나 살던, 선조의 역사에나 등장하는 이상화된 영웅처럼 거의 완벽하게 행동해야 한다는 기대 속에 생활했습니다. 10대 후반에서 20대 초반의 나이에 학업을 마치자마자 곧바로 그러한 큰 책임을 짊어져야 하고 개인적인 욕구는 사실상 품어서는 안 되는 것으로 여겨졌지요. 이런 기대는 복잡했고 때로는 상충하기도 했습니다. 이를테면 우리는 사원을 관리하고 운영 자금을 모금할 능력이 있어야 했지만 '세속적'인 사람이 돼서는 안 됐습니다. 저는 이런 압박감을 견디고 책임을 다하면서도 선조의 가르침을 실천하는 데 꼭 필요한, 자연스럽고 편안하고 자유로운 삶의 자세를 지킬 방법을 어떻게든 찾아야 했습니다.

젊은 시절 제가 각지에서 가르침을 전하며 만난 사람들은 티베트인이 익히 아는 것과는 다른 문화적, 교육적 조건을 마주하고 있었습니다. 저와 다른 문화권에 사는 사람에게 실질적인 도움을 줄 수 있는 유능한 명상 지도자가 되려면 그들 특유의 감정적, 심리적 패턴을 이해해야 함을 깨달았지요. 그래서 관련 내용을 논의하고 배울 수 있는 서구 심리학자와 심리치료사를 찾아 나섰습니다. 사람들의 패턴을 그들이 어떤 식으로 이해하고 치료하는지 알고 싶었거든요.

저는 특히 오랜 친분이 있는 심리치료사 타라 베넷 골먼에게 많이 배웠습니다. 타라와 저는 스키마(schema, 어린 시절부터 형성된 신념 체계로 한 개인이 세상을 바라보는 틀_옮긴이), 즉 감정 패턴이 어떻게 형성되고 치유될 수 있는지 오랜 시간에 걸쳐 이야기를 나눴지요. 제가 특정한 신념에 이의를 제기하면 타라가 곧바로 제 의견을 반박하는 식이었습니다. 그와 대화를 나누며 현대 심리 요법 중 일부는 감정 패턴, 상처, 치유를 다루는 전통 불교의 견해로 보충될 수 있겠다는 생각이 들었습니다. 예를 들어 제가 감정을 인식하고 처리하는 어떤 전통 방식을 설명합니다. 그러면 타라는 이 관점과 기법이 타당하다고 인정하면서도 현대인 대다수가 느끼는 예민함과 상처를 고려해야 한다고 지적하지요. 상처는 아주 중대한 문제가 될 수 있어서 치유할 때 특히 더 조심스럽게 접근해야 한다는 것을 저에게 알려주려고 했습니다. 처음에는 확신이 없던 저도 서서히 그의 생각을 조금씩 더 이해하고 받아들였습니다. 저는 그를 통해 학생들의 영적 수행에 방해가 되는 감정 장애물을 조금씩 알아보기 시작했습니다.

티베트 불교에서는 카르마의 씨앗과 좋고 나쁜 온갖 경험을 형성하는 일시적 조건에 관해 이야기합니다. 카르마의 씨앗은 육체적, 언어적, 정신적 행위가 남긴 각인으로 각자의 의식에 저장되며 때가 돼 적절한 원인과 조건이 갖춰지면 다양한 경험으로 나타납니다. 여기까지는 동일하지만 심리치료사는 유년기 이후 관계와 감정 발달을 구체적으로 여러 미묘한 차이를 구별해 설명합니다. 저는 사람들의 감정 패턴이 각자의 감정세계와 단절돼 있으며 감정세계와의 접촉이 조금 더 있더라도 그 관계가 부자연스럽다는 사실을 차츰 인식했습니다. 마음이 감정세계를 비난하고 통제하려 드는 경우가 너무 많았지요. 스키마, 패턴, 관계의 상처, 트라우마 같은 개념은 제가 인간의 감정세계를 더 상세히 이해하고 전통적 명상 기법을 현대인에게 더 적절하게끔 다듬는 데 도움이 됐습니다.

10대 시절 제 부정적인 생각 때문에 겪은 문제가 오로지 생각에 관한 것만은 아니었습니다. 감정세계의 더 깊은 쟁점에서 비롯된 것이었지요. 당시 저는 그 문제를 주로 마음 차원에서만 다뤘지, 그 밑에 감춰진 감정은 다루지 않았습니다. 감정세계가 무엇이고 어떻게 작용하는지, 즉 감정세계에 뿌리내린 생각이 얼마나 많은지 제대로 이해하지 못했으니까요. 제 아버지의 가르침, 사랑, 보살핌은 제가 딜레마에서 벗어나도록 도와줬습니다. 그리고 더 나이가 들어서는 제 친구 타라와 의견을 나누면서 대다수 사람이 생각과 관련한 큰 문제를 안고 있으며 그 뿌리는 보통 감정세계에 있다는 사실을 알게 됐습니다. 이런 영역에 있는 경험을 이야기하는 법도 배웠지요.

자, 그럼 이제 이 장에서 다룰 쟁점의 좀 더 실질적인 측면을 살펴봅시다. 누구에게나 문제는 있습니다. 힘든 점이 전혀 없다면 보통 사람은 아닐 것입니다. 그동안 감정적으로 어떤 힘든 점도 없다고 말하는 사람을 몇 명 만났는데 그저 감각이 둔한 것뿐이더군요. 어릴 때 생긴 약간의 멍과 생채기는 우리 모두에게 있습니다.

우리 문제 중에는 상처 입은 사랑이라고 부를 수 있는 것이 있습니다. 바로 자신에게 필요했던 사랑과 존중을 받지 못한 경험입니다. 어쩌면 우리가 받은 사랑은 뭐든 잘해내야만 받을 수 있는 조건적 사랑이었을지 모릅니다. 이 때문에 자신은 사랑받을 가치가 없는 사람이라는 믿음이 싹텄을 수도 있습니다. 이런 유형의 경험은 우리에게 영향을 미칩니다. 타인과의 관계 그리고 우리 자신과의 관계 모두에 영향을 주지요. 이는 저항하거나 반응하는 패턴을 이끌어내는데 둘 중 어느 쪽이든 따뜻한 가슴에 안착한 기분을 느끼거나 자신을 건강한 방식으로, 있는 그대로 드러내기가 힘들어집니다. 물론 온갖 부류의 불안, 우울, 신경증적 생각과 판단 등 다른 문제도 동반되지요.

원초적인 느낌과 감정은 강력하고 무섭고 압도적이어서 통제를 잃을까 두려운 마음이 듭니다. 그래서 흔히 억누르거나 숨기거나 회피하지요. 어떤 면에서 이 전략은 합리적이고 실용적이며 기능적이라고 볼 수도 있습니다. 눈을 감고 20분 동안 자신의 연약함을 느끼며 조용히 눈물 흘릴 기회는 흔치 않으며, 시도하더라도 방해를 받을 수 있지요. 억누르거나 모른 척하는 대처 전략은 당장 힘든 상황을 넘기는 데 도움이 될 수도 있습니다. 하지만 이는 단기적인 해결책에 불과합니다. 마음은 힘든 감정을 무시한 채 할 일을 계획하고 실행하는 데 여념이 없을지 모릅니다. 시간이 흐르면 감정이 저절로 사라지리라 기대하고 만약 사라지지 않으면 나중에 언젠가 처리하리라 다짐하지요. 하지만 바로 그 나중에 한숨 돌릴 여유가 생기더라도 덮어뒀던 감정을 처리하는 것이 내키지 않아 온갖 방법으로 주의를 다른 데로 돌리거나 무감각해지려고 애씁니다.

문제는 겉으로 드러나지 않더라도 여전히 우리에게 영향을 미치고 있습니다. 상황과 관계가 계속 그 문제를 자극해 이를 억누르거나 회피하는 데 끊임없이 에너지가 듭니다. 감당하기 힘든 감정과의 직면을 회피하면 마음과 감정세계 사이에 건강하지 못한 관계가 형성되기도 합니다. 대다수 사람은 감정이 서서히 마비되지요. 혹은 마음이 남을 지배하고 비난하기 좋아하는 상사처럼 굴어 분노하고 상처 입은 10대가 느끼는 것 같은 감정이 표출되기도 합니다.

시간의 흐름에 따라 타고난 권리, 즉 마음의 평온함이나 삶에 대한 긍정적인 사고방식이 사라질 수 있습니다. 제가 '본질적 사랑(essence love)'이라고 부르는 존엄감의 불꽃을 느끼기보다 공허감을 느낄 수도 있습니다. 영적 수행에서 일상적인 자기계발과 관계에 이르기까지 우리가 하는 많은 일이 공허감을 채우려는 은밀한 의도에 의해 오염될 수도 있습니다.

진정한 상대적 경험과 왜곡된 상대적 경험

상대적 진실은 우리가 평상시 경험하는 모든 것, 우리 경험의 모든 변화, 모든 개념과 인식, 감정 패턴(모든 고통과 기쁨, 환희와 투쟁, 상처와 치유)입니다. 이들은 언제나 상호작용하는 조건에 좌우되며 분석과 해석을 통해 여러 방식으로 분류할 수 있기에 상대적이라고 말합니다.

예를 들어 "네가 내 마음을 아프게 했어"라고 말하는 것은 표면적으로는 아무 문제가 없어 보입니다. 일상적으로 사용되는 말이고 많은 사람이 문장 그대로 인식하기 때문에 기능적이지요. 하지만 이를 더 깊이 들여다보면 상황이 그리 단순하지 않습니다. 실제로 '내 마음이 아프게' 되기까지는 여러 이유와 조건이 모여야 합니다. 예컨대 상대방이 의도적으로 그랬다고 생각했을 수도 있고 과거의 경험으로 인해 어떤 식으로든 상처받을 준비가 돼 있었을 수도, 두 사람 관계의 특성이 특정한 기대를 낳았을 수도, 상대방 말이나 행동을 오해했을 수도 있으며, 상대의 특정한 행동이 결정적인 역할을 했을 수도 있지요. 그래서 '상처받은 느낌'이 실제로 일어났다 해도 '네가 내 마음을 아프게 했다'는 확고한 믿음은 검증되지 않은 것이며 표면적 의미에서만 사실입니다.

상대적 진실에는 기능적이며 진정한 상대적 진실과 기만적이고 왜곡된 상대적 진실, 두 차원이 있으며 이는 중요한 구분입니다. 우리가 여기서 주목할 부분은 왜곡된 진실을 진정한 진실로 여겨 치유하는 문제입니다. 우리 모두에게는 다른 프로그램이 내재돼 있는데 일부는 건강하고 일부는 그다지 건강하지 못합니다. 예를 들어 많은 사람이 자기 자신을 무가치하게 보는 감정 패턴과 씨름합니다. 이는 왜곡된 프로그램입니다. 근본적으로 무가치한 사람은 없으니까요. 그런데도 이 프로그램은 여러 상황과 모든 관계 유형에서 유발돼 자기 자신을 건강하지 못한 방식으로 느끼고 생각하게 합니다. 이런 유의 생각은 치유를 통해 건강한 상대적 진실로 바꿀 수 있습니다.

전통적으로 우리는 카르마적 패턴과 학습된 습관적 패턴에 관해 이야기합니다. 카르마적 패턴은 의식 깊은 곳에 남은 각인으로 확고한 자의식을 믿고 열정, 적대심, 질투, 자긍심 같은 감정을 느끼는 주된 경향을 말합니다. 전통에 따르면 카르마의 씨앗이나 각인은 이번 생에서 다음 생으로 계속 이어집니다. 이를 믿고 받아들이든 그렇지 않든 이런 패턴은 무의식적으로 발생하며 어지간해서는 사라지지 않는다는 사실을 이해해두면 도움이 될 겁니다.

학습된 습관적 패턴은 이번 생의 유년기에 축적된 것입니다. 이는 사회적, 감정적 경험과 가족, 친구, 교사와의 관계에서 발생하지요. 이를 통해 자신과 타인에 대한 믿음을 내면화하고 일정한 상황과 감정에 저항하거나 반응하는 행동 패턴을 형성합니다. 이러한 잠재의식에서 나온 태도는 완고해서 때로 일을 힘들게 만듭니다. 그런 태도란 대체로 이런 것들입니다. "화를 내는 건 부끄러운 일이야", "어릴 때 분노를 표출한 건 용납할 수 없는 일이었어", "남자는 감정을 드러내서는 안 되고 절대 눈물을 흘려서도 안 돼", "자라면서 감정적인 태도는 나약함을 드러내는 것이라는 생각이 굳어졌어".

아름다운 괴물

우리 모두에게는 나름의 문제, 즉 삶과 관계를 힘들게 하는 감정 패턴이 있습니다. 그건 하찮은 존재가 된 기분, 특정한 유형의 두려움, 독선, 질투, 비이성적 분노 같은 감정일 수도 있고 그 외에도 많은 가능성이 있지요. 우리는 종종 어떤 문제에 대해 수치심이나 짜증을 느낍니다. 반응하거나 반발하고 때로는 증오심을 품기도 합니다. 보통은 그저 그 문제가 저절로 사라지기를 바라지요. 저는 이를 '아름다운 괴물'이라 부릅니다.

아름다운 괴물은 크기와 관계 없이 왜곡된 반응 유형을 지칭합니다. 예컨대 어릴 때 무시당했거나 제대로 인정받지 못했다고 느끼면 어른이 됐을 때 대수롭지 않은 비판이나 비난에 과잉반응할 수도 있습니다. 이 과잉반응이 바로 아름다운 괴물입니다.

아름다운 괴물이라는 이름에 사용된 두 단어는 모두 중요합니다. 이를 그저 '괴물'로만 생각한다면 실제로는 이것이 단지 우리 마음의 일부일 뿐인데도 혐오와 증오가 굳어집니다. 그렇다고 그저 '아름답다'고만 생각한다면 그것의 파괴적인 잠재력과 고통을 부정하게 됩니다. 따라서 우리 각자의 이런 반응은 괴물이며 그 괴물에게는 아름다움이 있다는 사실을 이해하는 것이 중요합니다.

아름다운 괴물에게는 두 종류의 아름다움이 있습니다. 첫째는 타고난 본성에서 나오는 아름다움입니다. 아무리 괴물처럼 느껴지더라도 감정의 깊은 부분, 근원적 성질은 겉보기와는 전혀 다릅니다. 스크린에 영사된 풀컬러 3D 이미지 원재료가 순수한 빛인 것처럼 아름다운 괴물의 원재료는 개방성, 명료성, 에너지입니다. 따라서 아름다운 괴물에는 그런 종류의 아름다움이 있습니다. 둘째로 언뜻 보기에 흉해 보이지만 일단 치유하고 나면 아름다워진다는 부분입니다.

뭔가를 치유할 때 우리는 우리 자신뿐 아니라 그 상처를 공유하는 모든 사람의 차원에서 이를 이해합니다. 위대해진 많은 이들이 뭔가를 치유하고 극복했으며, 그로 인해 얻은 현명함으로 많은 이들에게 도움을 줬습니다. 하지만 많은 사람이 괴물을 치유하지 않고 그저 평생 아름다운 괴물과 함께 살아가면서 고통을 겪습니다.

아름다운 괴물은 다양한 방식으로 생겨납니다. 어떤 때는 힘든 관계 때문에 습관이 형성되고 어떤 때는 상황에 의해 자극되고 때로는 스트레스가 반복되면서 그에 반응하는 습관이 생기기도 합니다. 안전하지 못한 환경에서 자신을 지키는 수단처럼 한때는 우리에게 유용했던 대응 방식이 굳어지고 습관화되면 아름다운 괴물이 됩니다. 이제 더는 위험하지 않은데도 특정 부류의 사람이나 상황을 증오하는 것이지요.

우리가 느끼는 모든 부정적인 감정과 느낌이 아름다운 괴물이냐고 질문하는 분이 종종 있습니다. 저는 그렇지 않다고 대답합니다. 정상적인 분노는 건강한 감정이며 진정한 상대적 진실에 속합니다. 인간 심리에는 건강한 분노, 건강한 두려움, 건강한 애착이 있습니다. 이 감정들은 아름다운 괴물이 아닙니다. 아름다운 괴물은 마음과 감정에 건강하지 못한 왜곡이 있을 때 생기고 그러면 우리는 그런 유형의 상대적 진실을 믿기 시작합니다. 아름다운 괴물에 사로잡히면 그것이 세상과 우리 자신을 바라보는 방식이자 인식의 눈이 됩니다. 이를 치유하면 다시 정상적이고 건강한 감정과 경험을 하게 되지요. 건강한 사람은 모든 범주의 감정을 느끼고 경험합니다.

아름다운 괴물은 얼음과 같습니다. 그 본성은 물이나 마찬가지지요. 얼음을 부술 필요 없이 그저 녹여서 자연스럽게 흘러가게 내버려두면 됩니다. 얼음이 아름다우면서도 날

카롭다는 것을 다들 알고 있지요. 억지로 부수려하면 날카롭고 삐쭉삐쭉해서 아주 위험할 수도 있습니다. 물은 얼어 있을 수 있지만 그래도 본성은 물입니다. 아름다운 괴물도 이와 같습니다. 아름다운 괴물은 반응과 저항의 '동결된' 형태입니다. 우리는 물을 갈구하지만 우리에게는 물 대신 얼음이 있습니다. 그러면 우리는 얼음이 무엇인지 잊고 얼음을 없애거나, 얼음이 없는 곳으로 멀리 도망치려 하거나 또는 다른 곳에서 물(평온과 흐름)을 찾으려 합니다. 그렇다면 이 얼음을 어떻게 하면 녹일 수 있을까요? 판단하거나 비난하지 않고 다정하고 따뜻하게 아름다운 괴물을 대하는 것이 그 첫걸음입니다.

문제의 해결책

트라우마의 경험이 강하다면 저항을 완전히 내려놓는 이 연습이 상당히 힘들 수도 있습니다. 상식을 동원해 자신이 감당할 수 있는 적정 수준을 가늠해 보세요. 이 연습을 아주 짧게 시험 삼아 해보고 감정을 느끼는 순간 사이 사이에 돌아갈 수 있는 안전한 장소를 마련해 활용합니다. 악수 연습은 트라우마를 다시 겪기 위해서가 아니라 치유되기

위해 하는 것입니다. 상담이 도움이 된다면 정신과 전문의
나 심리치료사를 찾아가 도움을 받는 것도 좋습니다.

악수: 아름다운 괴물 마주하기

어떻게 해야 공포가 아닌 친근함으로 아름다운 괴물과 마
주할 수 있을까요? 저는 몇 가지 전통적 명상 기법 그리고
심리적 상처와 치유에 관한 제 지식을 바탕으로 '악수 연습'
이라고 이름 붙인 것을 개발했습니다. 이것은 우리가 일반
적으로 생각하는 '방법' 같은 게 아닙니다. 그보다는 삶을
사는 방식이나 태도에 가깝지요. 악수는 의식과 감정 사이
에서 이뤄집니다. 이는 우리 태도, 즉 아름다운 괴물을 어떤
식으로 대면할지를 은유적으로 표현한 것입니다. 마음은 오
랫동안 느낌과 감정을 억누르거나 밀쳐냈습니다. 그저 손을
앞으로 내밀기만 하면 됩니다. 도망치지 않고 싸우지도 않
고 그저 만나는 것입니다. 근본적으로 악수 연습은 자기 내
면의 모든 것, 그중에서도 특히 감정을 온전히 의식하는 과
정입니다. 그 감정이 우리에게 하고 싶은 말이 있다면 우리
는 묵묵히 들어줍니다. 저는 지금과 같은 시대에는 악수 연
습이 매우 중요하며 여기에 우리를 깊이 치유할 잠재력이
있다고 생각합니다.

내면 해독

이런 방식의 치유는 의식과 감정이 맞닿는 곳에서 가장 잘 일어납니다. 치유하려면 감정을 아무런 가공 없이 직접 느껴야 하지요. 그러면 상처와 저항 패턴이 내면에서 드러나기 시작합니다. 이렇게 하지 않으면 온갖 치유 기법을 사용하더라도 내면의 상처와 저항 패턴이 진짜로 모습을 드러내진 않을지도 모릅니다. 정말로 큰 변화를 이루려면 우리 감정과 친구가 돼야 합니다.

악수의 배경 이론을 알아두면 왜 진정한 변화를 이루기 위해 왜곡된 믿음과 태도를 해결해야 하는지 이해할 수 있어 도움이 됩니다. 이렇게 하지 않으면 일시적으로는 상태가 완화될 수 있어도 여전히 똑같은 추측과 믿음 아래 살아갑니다(예를 들면 '나는 무가치한 사람이야, 분노하는 나 자신이 부끄러워, 두려움을 느끼면 두려움에 장악당해 무너져버리고 말 거야'). 그런데 단순히 이런 생각을 읽고 숙고하는 것만으로는 큰 변화가 생기지는 않습니다. 아름다운 괴물과 마주해야만 하지요. 마주한다는 것은 느낀다는 뜻입니다. 실제 변화는 대부분 감정 수준에서 일어납니다. 저항하거나 반응하지 않으면서 아름다운 괴물을 경험하는 법을 배우면 실제로 그 괴물과 친구가 될 수 있습니다. 이는 아름다운 괴물에게 아주 사랑스럽고 친절하게 느껴집니다.

악수는 감정을 충실히 느낌을 의미합니다. 설명하기는 무척 간단해도 실행하기는 여러 이유에서 만만치가 않습니다. 먼저 우리는 흔히 이런 아름다운 괴물이 그저 괴물일 뿐이라고 생각하고 그것을 고치거나 없애고 싶어 합니다. 그런 의도가 숨어 있으면 악수가 통하지 않습니다. 악수는 고치는 것이 아니라 만나고 함께 있는 것입니다.

◆ · · ◆ · · ◆

이렇게 해봅시다: 조용한 곳에서 내면에 의식을 집중한 채로 몇 분간 앉아 있습니다. 마음과 감정세계의 관계를 떠올려봅니다. 어떤 느낌인가요? 사랑스럽고 개방적인가요? 껄끄럽고 비판적인가요? 감정세계가 대체로 무감각한 것 같습니까, 아니면 원초적이고 역동적인 감정처럼 느껴지나요? 어떻게 느끼든 그 느낌과 함께 편안한 자세로 잠시 앉아 있도록 합니다.

그런 다음 내면에서 당신이 두려워하는 비판, 의심, 자존심 같은 것이 당신의 친구가 된다고 상상합니다. 느낌과 감정을 두려워하지 않는다고 상상합니다.

◆

감정과 함께 머무는 것을 사람들이 어려워하는 또 다른 이유는 원초적인 느낌과 감정에 대한 두려움이 있기 때문입니다. 이런 상태는 정상이지만 그 느낌과 악수하는 데 용기가 필요한 또 다른 이유기도 합니다. 고통을 느끼고 타격을 입어도 괜찮다고 마음먹어야 합니다. 성질부리는 아이를 붙잡아두려고 애쓰는 어른을 한번 상상해보세요. 고함을 지르며 발길질과 주먹질을 해대는 아이에게 어른이 다정하게 손을 얹으면 아이는 그 손길을 밀쳐내지요. 하지만 어른은 아이가 화가 나 있으며 그런 일그러진 상태에서조차 근본적으로는 아름답고 사랑스러운 존재임을 이해합니다. 아이가 계속 손길을 뿌리치더라도 어른은 계속 손을 내밉니다. 결국에는 아이가 마음을 가라앉히고 열린 사랑의 손길을 받아들이지요. 아름다운 괴물과 악수하는 과정은 이와 비슷할지 모릅니다. 아름다운 괴물은 내심 우리와 친구가 되고 자유로워지길 바라고 있지요.

◆ · · ◆ · · ◆

이렇게 해봅시다: 화가 나서 손발을 마구 휘두르는 아이가 있습니다. 깊은 사랑의 마음을 품고 몇 차례 주먹질당하면서도 그 아이를 기꺼이 돌보는 상상을 합니다. 그런 다음 자신의 아

름다운 괴물에게도 이와 똑같은 태도를 가져봅니다.

· ◆ ·

악수의 장애물

악수에는 네 가지 주요 장애물이 있습니다. 바로 억누르기, 무시하기, 다 받아주기, 중화하기입니다. 이는 강력한 정신 습관으로 우리가 감정과 느낌을 이해하는 주된 방식일 것입니다.

우리 대부분은 감정 '억누르기'에 꽤 능숙합니다. 부적절한 때에 불편한 느낌이나 감정이 불쑥 올라오면 바로 그 감정을 밀어 내리거나 눈에 띄지 않게 숨겨두지요. 아주 잠깐은 효과가 있을지 모르지만 억누르기에는 많은 에너지가 소모될 뿐 아니라 느낌과 감정이 어느새 다시 비집고 나타납니다. 예를 들어 자기불신과 무가치한 기분을 불러일으키는 아름다운 괴물이 있다고 합시다. 그런 감정이 떠오르면 우리는 이를 허락하지 않고 그 말을 귀담아듣지도 않습니다. 그보다는 용납할 수 없는 고통스러운 감정이라고 반사적으로 판단하고 그 감정을 잠재의식 속으로 밀어 넣지요.

'무시하기'는 우리에게 대단히 익숙한 또 하나의 전략입니다. 주의를 다른 데로 돌려 그 상황에서 도피하는 방법이지요. 어디로 도피할까요? 영적 수행 같은 긍정적 활동에 몰두할 수도 있고 꼬리를 물고 이어지는 생각에 빠질 수도, 아니면 그냥 영화를 볼 수도 있습니다. 문제는 이런 대응이 장기적으로 아름다운 괴물을 치유하는 데는 도움이 되지 않는다는 사실입니다. 없는 척 무시하고 아름다운 괴물이 사라졌다고 생각할지 모르지만 실제로는 그렇지 않습니다. 무가치한 기분을 무시하고 텔레비전 프로그램에 푹 빠져 있어서는 그 감정을 처리하거나 해결하지 못합니다. 그저 임시방편일 뿐이지요.

'다 받아주기' 역시 흔한 대응 방식의 하나입니다. 악수하기는 아름다운 괴물에 저항하거나 괴물을 고치려고 하지 않기 때문에 다 받아주기와 비슷해 보일지 모르지만 실제로는 그렇지 않습니다. 악수하기가 아름다운 괴물을 만나서 괴물과 함께 머무는 것인 데 반해 다 받아주기는 그 괴물의 이야기를 믿어주고 그대로 따라주고 그가 우리를 지배하게 내버려두는 것입니다. 자기불신의 감정이 뭐든지 마음대로 할 수 있게 받아주면 불안한 마음 상태에 깊이 빠져들고 그 감정이 으레 하던 이야기가 우리 마음을 장악해버립니다.

마지막으로 '중화하기'는 문제를 고치기 위해 어떤 기법이나 해석을 적용하고 의미를 부여하는 것입니다. 자동차나 자전거가 고장 나면 고쳐 쓰듯이 우리의 문제나 해로운 습관을 고쳐보자는 것이니 언뜻 좋은 방법처럼 느껴지지요. 중화하기는 무가치한 존재가 된 기분을 중화하는 감정이나 생각을 주입해 그 기분이 사라지게 하는 접근법입니다. 이와 달리 악수하기는 감정이 사라지게 하려 하기보다는 그 감정을 전적으로 느낍니다. 괜찮지 않은데 모든 것이 다 괜찮다고 다독이는 것도 중화하기의 일종입니다. 중화하기에는 온갖 심리학적, 영적 접근법이 동원되지요. 반면 악수하기는 괜찮지 않은 기분을 느끼고 그 기분과 친구가 됩니다. 악수하기는 만병통치약이 아닙니다. 아름다운 괴물을 고치려고 하지 않고 그저 아름다운 괴물과 만나 친구가 되는 것이지요.

중화하기는 악수하기의 가장 큰 적입니다. 두 가지를 혼동하기가 너무 쉽기 때문입니다. 멀리 있는 적은 우리와 맞서고 있음을 알 수 있지만 너무 가까운 적은 쉽게 알아보기가 힘듭니다. 친구로 위장하거나 너무 가까워 눈치채지 못하기도 하고 적이라는 사실을 모를 때도 있습니다. 중화하기가 바로 그렇습니다. 자기불신을 해소할 방법을 이것저것 시도해봤지만 효과가 없었는데 악수하기를 새롭게 알게 됐다고 합시다. 그러면 우리는 '괜찮은 방법 같은데. 너그러우면서도 절묘한 기술이야. 아름다운 괴물과 악수하면 괴물이 사라지거나 없어질 거야!' 하고 생각할지 모릅니다. 이런 태도로 접근하면 악수를 미묘하게 거부하는 중화하기로 빠져 버립니다.

일단 감정과 대면해 그 감정을 진정으로 느끼면 아무런 판단이나 행동 없이 그저 함께 있을 수 있습니다. 처음에는 아무 말 없이 그저 거기 가만히 있으면 됩니다. 일단 그 감정과 함께할 수 있게 되면 변화가 생깁니다. 감정과 아름다운 괴물이 조금씩 우리를 신뢰하기 시작합니다. 신뢰는 우리가 더는 아름다운 괴물을 억누르거나 무시하지 않기 때문에 쌓입니다. 아름다운 괴물이 공격하더라도 그저 가만히 손길을 건넬 뿐 응수하지 않습니다. 악수는 열린 사랑으로 접근합니다. 아름다운 괴물이 자기 이야기를 하면 우리는 귀 기울여 듣습니다. 아름다운 괴물은 마음을 열기 시작하고 결국에는 질문을 던질 것입니다.

그러면 마침내 우리는 대화를 나눌 수 있습니다. 타당한 추론을 제시하면서 지혜를 나눠줄 수 있지요. "그건 실제지만 진실은 아니야"라고 말할 수 있습니다. 감정은 진짜지만 메시지는 진실이 아니니까요. "그래, 무가치한 존재가 된 기분을 진짜 느꼈겠지만 너는 무가치하지 않아." 신뢰를 얻었으니 마음은 감정에 메시지를 보낼 수 있습니다. 감정은 아름다운 괴물과 소통할 수 있고요. 아름다운 괴물이 '나는 괴물이 아니다' 하고 이해하고 느끼기 시작하면 치유가 일어날 수 있습니다. 우리가 아름다운 괴물을 인식하고 판단 없는 다정한 태도로 다가가기 전까지 아름다운 괴물은 우리가 하는 말에 신경 쓰지 않습니다. 지금까지 그렇게 이야기해왔는데도 그동안은 아무 변화가 없었습니다. 그럼 이번에는 무엇이 다를까요? 아름다운 괴물에게 훈계하는 대신 아름다운 괴물의 느낌을 있는 그대로 느끼며 함께하기 시작했다는 점입니다. 그것이 바로 '다정함'이지요.

이처럼 아름다운 괴물의 감정적 중심이 바뀌는 것이 최선의 결과입니다. 그렇지 않다면 맨 처음에는 아름다운 괴물 주변 감정이 바뀌고 나중에 결국 중심 감정이 바뀔 것입니다. 감정세계에서는 괜찮음과 괜찮지 않음이 동시에 존재할 수 있습니다. 가장 좋은 것은 괜찮지 않음이 괜찮음으로 바뀌는 것입니다. 그런데 때로 다른 곳은 다 괜찮은데 가슴한구석이 괜찮지 않은 느낌이 들 수도 있습니다. 그럴 때는 어떻게 해야 할까요? 괜찮은 부분이 있음을 인정하면서 괜찮지 않은 부분에도 여전히 신경을 쓰면 됩니다.

아름다운 괴물에게는 '자기해방' 능력이 있습니다. 자신만의 지혜가 있지요. 그럼 우리 역할은 무엇일까요? 그저 아름다운 괴물을 방해하지 말고 잘못된 방향으로 인도하지 말고 그들 자신의 본성이 빛날 수 있게 해주는 것입니다. 억누르거나 무시하거나 고치려고 애쓰지 말고 존중해주는 것입니다. 그러면 해방이 일어나지요. 이 부분은 다루기가 약간 까다로울 수 있습니다. 이런 자기해방을 우리가 너무 잘 알고 너무 많이 의식하면 기대가 생길 수 있는데 기대는 다정히 맞이하는 열린 태도를 방해해 결과적으로 악수를 방해할 수 있거든요. 아름다운 괴물이 바뀌기를 원하는 마음이 사실 그 자체로 아름다운 괴물인 것입니다.

'악수는 그저 아름다운 괴물이 마음을 열 기회를 주는 것이다' 하는 생각을 품으면 그 생각을 알아차리고 그 생각과 악수하세요. 그렇게 몇 번 하면 그런 기대가 계속되진 않을 것입니다.

악수의 4단계

우리는 악수를 통해 아무런 판단과 저항 없이 감정세계에서 일어나는 모든 것과 함께 존재할 수 있습니다. 악수 연습은 만나기, 존재하기, 기다리기, 소통하기의 4단계로 나눌 수 있습니다. 악수 연습의 준비 단계는 1장에서 배운 내려놓기입니다. 하지만 모든 것이 그냥 내려놓아지진 않습니다. 더 많은 관심을 갖고 더 많이 함께하고 더 많이 기다리고 더 많이 사랑해야 하는, 더 깊고 불편한 문제가 있지요. 우리는 모르는 척 무시하고 억누르고 다 받아주고 고쳐서 해결하는 데 꽤 이력이 나 있습니다. 이런 습관은 없애기가 힘듭니다. 의식과 원초적 감정 사이에 두려움, 비난, 반응, 저항이 겹겹이 쌓여 있는 경우도 있습니다. 악수 연습은 이를 잘 피해 나아가는 방법입니다. 우리는 지금 내면세계의 정문을 위엄 있게 걸어 나가는 법을 배우고 있는 것이지요.

산악인은 에베레스트산처럼 엄청나게 높은 산의 정상에 오를 때 등반 거점이 될 베이스캠프를 만듭니다. 베이스캠프는 등반에 필요한 힘을 더 많이 회복해야 할 때 돌아와 쉴 수 있는 장소입니다. 나만의 베이스캠프는 원초적 감정에서 벗어난 고요한 공간, 즉 상황이 버거울 때 후퇴할 수 있는 안전한 공간이 됩니다. 베이스캠프는 호흡에 따르는 중립적인 신체감각처럼 의식을 집중하는 지점이 될 수도 있고(손바닥과 발바닥을 활용하면 좋습니다) 2장에서 배운 가벼운 호흡 연습이 될 수도 있습니다. 악수 연습의 일부로 가끔 필요할 때 베이스캠프를 활용할 수 있습니다.

준비: 내려놓기

◆ · · ◆ · · ◆

앞에서처럼 이완된 자세(앉거나 누워서 몸은 이완하고 척추는 곧게 편 자세)를 취하는 것으로 시작합니다. 생각을 내려놓고 몸에 의식을 안정하는 연습을 몇 분 동안 합니다. 도움이 된다면 1장에서 배운 방법을 사용해 양손을 허공으로 들어 올렸다가 팔의 힘을 빼고 허벅지 위로 툭 떨어뜨리면서 숨을 크게 내쉬어봅니다. 생각을 내려놓고, 양손을 허벅지 위에 내려놓고, 깊은숨을 내 쉬는, 이 세 가지 행동이 한꺼번에 일어납니다. 그다음 몸에 집 중한 채로 아무런 계획 없이 잠시 그냥 그대로 머뭅니다.

· ◆ ·

어떤 특별한 상태나 특별한 감각을 찾으려 하지 마세요. 그저 지금 이 순간에 있는 것, 즉 현재 몸의 경험과 연결돼 야 합니다. 따뜻하든 시원하든, 쾌적하든 불편하든, 긴장되 든 편안하든, 따끔거리든 무감각하든, 어떤 느낌이든 괜찮 습니다. 그 상태에서 잠시 쉬었다가 어느 정도 몸에 안착하 는 느낌이 들 때까지 같은 과정을 몇 번 반복합니다. 의식이 몸 구석구석에 스며들면 어떤 느낌이든 몸의 느낌을 그대로 경험합니다. 뭔가를 피하고 싶다는 등의, 어떤 특별한 경험을 하고 싶다는 생각이 떠오를지도 모릅니다. 어떤 생각이든 계속해서 스르르 놓아 보냅니다. 이렇게 하면 자연스럽게 필요한 것이 나타나 의식 속으로 들어올 수 있습니다.

1단계: 만나기

◆ · · ◆ · · ◆

이제는 의식이 감정세계에 스르르 스며들게 합니다. 의식의 문을 열어 기분, 느낌, 감정을 들여보냅니다. 어떤 목적이나 목표는 품지 않도록 합니다. 무엇이 됐든 지금 존재하는 느낌, 감정과 만납니다. 특별하거나 기분 좋거나 숭고한 뭔가를 찾지 말고 그저 떠오르는 것을 그대로 느끼세요. 기분이 안 좋으면 그 기분과 함께합니다. 불안하면 그 기분과 함께합니다. 화가 나거나 신경이 곤두서거나 피곤하면 그 감정을 느끼면서 긴장된 마음을 품니다. 기분이 아주 좋고 평화롭고 편안하면 역시 그 감정과 함께합니다. 아무 느낌이 없으면 무감각한 상태를 그대로 느끼거나 평온함 속에 머뭅니다.

· ◆ ·

느낌과 감정은 그들의 시간에 따라 오고 갑니다. 굳이 찾아다닐 필요는 없습니다. 좋은 기분에서 안 좋은 기분으로, 다시 좋은 기분으로 늘 바뀌니까요. 수시로 바뀌는 감정과 매번 씨름하기보다는 그저 그 감정과 대면하고 아무 계획이나 의도 없이 나타나는 감정을 받아들입니다. 그리고 환영하는 열린 태도로 감정세계와의 연결을 이어갑니다. 뭔가를 없애버리거나 지켜야겠다는 생각이 떠오르면 가만히 그 생각을 인정하고 그 생각과 함께 있으세요. 우리는 연회의 주최자로 문 앞에 서서 찾아온 모든 감정을 맞이합니다. 때로는 다른 감정보다 특히 깊고 강렬한 감정이 나타나기도 하는데 그것이 아름다운 괴물일 수도 있습니다. 그렇더라도 괜찮습니다.

만나기 연습은 손을 내밀고 인사하는 것입니다. 처음에는 그저 생각이 왔다 갔다 하도록 내버려두고서 느낌에 가만히 집중합니다. 하지만 나중에는 이야기와 내면의 목소리를 포함한 모든 것을 아우르는 악수 연습으로 확장해나갑니다.

2단계: 존재하기

◆ ‧ ‧ ◆ ‧ ‧ ◆

시선을 다른 데로 돌리지 마세요. 숨지 마세요. 그것을 바라보고 서세요. 그것을 어루만지세요. 그것을 느끼세요. 그것을 귀 기울여 들어보세요. 이런 태도로 다가가면 원초적 감정이 모습을 드러내기 시작합니다. 그 감정과 함께하는 것 말고는 특별히 해야 할 일이 없습니다.

‧ ◆ ‧

억누르지 말고 피하지 말고 다 받아주지도 말고 감정을 중화하려 하지도 말아야 합니다. 우리는 그 방법을 너무 오랫동안 써왔지만, 별로 도움은 되지 않았지요. 그렇게 해서는 감정과 건강한 관계를 만들 수 없었습니다. 그러니 이제는 다르게 접근해봅시다. 그냥 존재하는 것입니다. 존재하는 것은 고치는 것이 아닙니다. 우리는 '존재하기'가 뭔가와 함께하는 것이라고 생각하는 경향이 있습니다. 하지만 대상이 없어도 존재할 수 있습니다. 그저 본래 모습 그대로 있으면 됩니다. 특정한 대상 없이 그저 경험자가 되어 본모습 그대로 꾸밈없이 존재하는 법을 서서히 배울 수 있습니다.

그저 그 상태로 있으면 생각과 감정이 계속해서 떠오르고 이동하는 동안에도 존재의 평온은 그대로 유지됩니다.

시간이 지나면 손은 잡을 대상을 필요로 하지 않고 손 자체가 휴식이자 평온이 됩니다. 이 경험이 악수에서 유기적으로 발전하면 좋은 신호입니다. 악수는 친밀한 존재 방식입니다. 더 안전하고 동떨어진 곳에 있는 관찰자와는 다르지요. 아름다운 괴물이 찾아왔을 때 이처럼 멀리서 바라보는 것은 별 도움이 안 됩니다. 관찰자가 되면 악수 연습을 할 때처럼 감정세계의 마음을 움직이지 못합니다. 어떤 원초적 감정 요소가 떠오르든 판단 없이 그냥 그것과 함께하면서 긴장을 풉니다.

난폭하고 망상적인 감정이 '다 부숴버리겠어!' 하는 기세로 연회에 모습을 드러내면 그저 손을 내미세요. 아름다운 괴물은 자기 손을 쉽게 내주지 않습니다. 하지만 우리는 다정하게 그냥 거기 머뭅니다. 아름다운 괴물이 뺨을 때리거나 주먹을 날리더라도 괜찮습니다. 그냥 받아들이고 고통을 기꺼이 감수합니다. 이런 공격성은 우리가 그들을 너무 오랫동안 억누른 결과입니다. '좋아, 기꺼이 고통을 받아들일 거야' 하는 용기 있는 태도를 가지세요. 그리고 판단하고 있음을 발견하면 한발 물러서서 그 판단과 악수하세요. 어떤 의도, 이를테면 그런 감정을 없애버리고 싶다는 생각을 발견하면 그것과 악수합니다. 혐오나 조바심이 느껴진다면 그것과 악수합니다. 무엇이 떠오르든 계속 손을 내밀어 악수합니다.

급진적인 접근법을 취하세요. 아무 저항 없이 느낌과 감정을 충분히 표현하세요. 감정의 본질적 지혜를 믿고 거의 항복하는 것입니다. 이는 대단히 큰 도약이며 상당한 배짱과 용기가 필요한 일입니다. 회피하던 문제를 직면하는 것이 쉬운 일은 아닙니다. 아주 힘이 들 겁니다. 속이 들여다보이지 않는 물속에 뛰어들자니 두려움이 몰려올지도 모릅니다. 그래도 때가 되면 발을 내디뎌야 합니다. 이 단계를 진행하며 주저하고 저항하는 기분이 느껴진다면 그 아름다운 괴물에게 손을 내미세요.

거의 '다 받아주기'와 비슷해 보이지만 다 받아주기는 아닙니다. 감정이 "도저히 안 되겠어"라고 말했을 때 그 말을 따르는 것이 아니라 그저 그 감정을 느끼세요. 만약 감정이 "저걸 없애버리고 싶어"라고 말하면 저항이나 비판 없이 그 감정을 그냥 충실하게 느낍니다. 이것이 바로 존재하기 연습입니다.

3단계: 기다리기

◆ · · ◆ · · ◆

존재하기를 계속 연습하며 어느 정도 시간을 보냅니다. 서두를 필요는 없습니다. 뭔가를 꼭 달성해야 하는 것은 아니니까요. 지금 우리는 아름다운 괴물과 친구가 되는 중이고 거기에는 시간이 필요합니다. 일단 존재할 수 있게 되면 그저 계속 그 상태로 있으면서 기다립니다. 기다림은 다정함과 연민입니다. 인내심을 기르세요. 여기서 인내심이란 '네가 사라져서 홀가분해질 때까지 인내심을 발휘할 거야'와 같은 의도나 생각을 의미하지 않습니다. 다음과 같은 이런 생각은 연습에 방해가 될 수 있습니다. 여기서 인내심이란 이런 의미입니다. '원하는 만큼 오래 머물러도 좋아. 나는 네가 남아 있든 사라지든 더는 상관없어. 우린 이제 친구니까.'

· ◆ ·

우리는 이 기다림 단계를 연습하면서 악수에 더 능숙해지고 또 뭔가를 실현하려고 서두르려는 마음을 내려놓게 됩니다. 서두르면 중화하기가 악수하기를 방해합니다. 혹은 아름다운 괴물이 우리를 신뢰하고 우리 말을 들을 준비가 되기 전에 섣불리 그들에게 훈계를 늘어놓을지 모릅니다. 그러니 기다리며 느긋한 마음을 가지세요.

실제로 아름다운 괴물을 만나서 그 감정을 느끼면 특별한 안도감이 듭니다. 그리고 자기 자신에게 충실해지지요. 억누르고 회피하면 감정적으로 안정되지 못하고 감정세계에 집중하지 못하는 기분이 들기도 합니다. 판단하지 않고 만나며 감정을 있는 그대로 느끼는 것은 선물입니다. 마음이 슬픔을 풀어주고 싶어 할 때 울거나, 피곤할 때 낮잠을 자고, 기력이 없고 배가 고플 때 영양가 있는 음식을 먹는 것과 같습니다. 마음에 상처를 입었을 때 안아달라고 요구하고 따뜻하고 전적으로 지지하는 듯한 굳건한 포옹을 받는 것과 같지요. 우리는 이런 식으로 스스로를 위안하고 지지할 수 있지만 그러려면 고통을 피하는 것이 아니라 고통을 향해 돌아서야 합니다.

4단계: 소통하기

아름다운 괴물에게 말 걸기

일단 아름다운 괴물과 함께할 수 있으면 그들도 서서히 마음을 열기 시작할 겁니다. 사실 그들도 당신과 친구가 되길 원하죠. 자유로워지고 싶어 하고요. 심지어 질문을 던질지도 모릅니다. 그러면 당신은 대화를 주고받을 수 있습니다. 부드럽게 이렇게 말하세요. "실제지만 사실은 아니야. 네 감정은 진짜야. 네가 느끼는 고통도 진짜고. 하지만 네 설명은 진실이 아니야." 그러면 그들이 들을 것입니다.

· ✦ ·

뭔가를 고치거나 용해하거나 소멸되게 해야겠다는 의도가 사라졌다고 느끼면 변화를 인식할 수 있습니다. 아름다운 괴물을 교정하려는 노력을 멈추고 그들을 없애려는 노력을 멈추면 신비로운 일이 일어납니다. 원초적 감정, 꽉 막힌 상태, 무감각함은 겉으로 보이는 것만큼 무섭지 않습니다.

이럴 때 진정한 치유가 일어납니다. 이제는 마음과 감정 사이에 건강한 관계가 형성되고 모든 종류의 의사소통이 쌍방으로 이뤄질 수 있습니다. 그 단계에 이르면 우리의 해석과 지혜를 아름다운 괴물에게 들려줄 수 있지요. 아름다운 괴물도 나름의 지혜가 있어서 우리도 그들에게서 배울 수 있습니다.

예를 들어 자기불신과 악수하는 경험은 성공과 번영의 잠재적 두려움을 가르쳐줄 수 있고 이 아름다운 괴물을 공유하는 다른 사람에 대한 깊은 연민을 가르쳐줄 수 있습니다. 일단 우리 각자의 아름다운 괴물과 친구가 되면 더는 우리 스스로를 두려워하지 않게 됩니다.

골먼의 증명

아론 벡(Aaron Beck) 박사는 인지치료(cognitive therapy)를 창시할 때 사람들이 삶을 해석하는 왜곡된 방식을 치료하는 데 초점을 뒀습니다. 그리고 심리치료사인 제 아내 타라는 마음챙김을 인지치료에 통합하는 데 큰 영향을 미쳤습니다. 린포체가 앞서 언급했듯이 타라는 그렇게 이해하고 깨달은 내용을 린포체와 공유했습니다. 그는 아름다운 괴물이라는 개념에 마음에 대한 이 접근법을 접목했죠.

타라는 벡 박사의 제자인 제프리 영과 함께 대학원생 연수를 밟던 시절 통찰명상(insight-meditation) 집중 과정에 몇 차례 참여했습니다. 당시 벡의 인지치료는 우울증과 불안장애를 치료하는 데 집중했지만 영은 스키마치료(schema therapy)라고 이름 붙인 이론을 만들었습니다. 이는 인지치료에 정신역동(psychodynamic, 과거 경험이 현재 문제에 어떤 영향을 미치는지 설명하고 이를 바탕으로 문제를 해결하려는 이론_옮긴이)적 접근법을 적용해 정서적 박탈감이나 버림받는 데 대한 두려움처럼 왜곡된 생각과 감정적 과잉반응을 유도하는, 흔하지만 문제가 되는 감정 패턴에 주목합니다.

영이 스키마 모델을 개발한 것은 타라와 함께 공부하던 시절이었습니다. 스키마는 우리가 어릴 때 배우는 감정 패턴으로 그 후의 인간관계에서도 똑같은 방식으로 되풀이돼 우리를 고통스럽게 합니다. 영은 인지치료뿐 아니라 게슈탈트 심리치료(gestalt therapy, 인간의 생물학적 요소와 유기적 기능, 지각적 구성, 외부 세계의 상관성 등을 고려해 사람을 하나의 전체로서 치료하는 것을 강조하는 심리치료법_옮긴이)와 애착이론(영유아가 양육자와 형성하는 강한 정서적 결속이 영아의 생존 및 심리, 사회적 발달에 큰 영향을 미친다고 보는 이론_옮긴이)의 내용도 스키마치료에 접목했습니다. 스키마에는 자신과 세상에 대한 여러 믿음과 그에 연결된 감정이 따릅니다. 이 생각과 감정 꾸러미가 촉발되면 우리는 자멸적 행동을 합니다. 예를 들어 '버림받음' 스키마는 내게 중요한 사람이 나를 소중히 여기지 않아 버리고 떠날지 모른다는 두려움을 느낄 때마다 활성화돼 우리가 큰 슬픔과 두려움 속에 전전긍긍하게 합니다. 그 공포에서 자신을 보호하려고 파트너에게 집착하거나 선제적으로 관계를 끊어버리기도 하죠.

린포체는 오랜 세월 동안 우리 부부와 만나왔습니다. 그는 감정의 임상적 관점에 특히 관심이 많았고 타라와 상당히 깊은 대화를 나눴죠. 벡 박사는 타라가 저서 《감정의 연금술》에서 마음챙김과 인지치료를 통합한 것을 두고 타라를 '개척자'로 칭했습니다. 타라는 벡 박사와 판사인 그의 부인에게 마음챙김을 가르치기도 했죠. 당시 벡 박사는 마음챙김에 관해서는 전혀 알지 못했습니다.

타라는 치료에서 일반적으로 나타나는 고통스러운 감정을 다뤘고 필요할 때는 스키마도 활용했습니다. 동서양의 심리학적 관점을 통합한 그의 접근법은 두 방식 모두 통찰력 있는 인식과 변혁적 영향력이 있으며 우리 자신과 서로를 더 명확하게, 연민 어린 태도로 바라봄으로써 우리를 현명한 선택으로 이끄는 길이라고 봤습니다. 타라는 린포체와 대화를 나누면서 감정 습관에 대한 이 새로운 접근법을 설명했고 이는 린포체의 아름다운 괴물이라는 개념과 악수 연습에 반영됐습니다. 타라는 린포체와의 만남을 이렇게 회상합니다.

심리학, 다르마(Dhama, 인도계 종교의 중요한 교리로 최고 진리, 우주 법칙, 도리, 규범 등 다양한 의미로 사용됨_옮긴이), 과학을 주제로 대화를 나누면서 제게 심리치료를 받았던 내담자의 감정 패턴을 린포체에게 설명했어요. 그는 전통 불교의 가르침에 심취해 있어서인지 더 많이 알고 싶어 하면서도 감정 패턴 인식이 사람들이 이를 더 강력하게, 구체적으로 생각하게 만들지 않을지 걱정했죠. 저는 오히려 반대 효과가 나타날 수도 있다고 장담했어요. 자기 자신이나 타인의 감정 패턴을 인식하면 그 감정을 너무 기분 나쁘게 받아들이지 않을 수 있다고요. 사람이 아니라 패턴으로 더 많이 받아들이게 돼 자존심이 아니라 자신감이 높아지고 자신과 타인을 더 잘 이해하고 연민하게 되는 거죠.

이런 관점이 서양 심리치료사가 심리적 패턴을 바라보는 대표 방식이라고 말할 순 없어요. 하지만 저는 서양 심리학과 불교 심리학 양쪽 분야 모두에 발을 들여놓았기 때문에 이렇게 상황을 본답니다.

저는 평소 제가 자주 사용하는 은유인 영화 〈오즈의 마법사〉의 한 장면으로 이 관점을 설명했어요. 도로시와 친구들 일행이 오즈의 성에 도착해 오즈의 방으로 걸어 들어가는 장면이죠. 이들은 갑자기 "나는 오즈다!"라는 우렁찬 목소리가 흘러나오면서 스크린에 떠오른 거대한 얼굴 영상을 보게 돼요.

도로시와 일행은 깜짝 놀라 뒤로 물러납니다. 그런데 그때 도로시의 강아지 토토가 칸막이로 가려진 공간으로 달려가 드리워진 커튼을 젖혀요. 그곳에는 특수효과를 이용해 스피커로 쩌렁쩌렁한 목소리를 흘려보내는 한 왜소한 노인이 있었죠. 그는 이렇게 말합니다. "커튼 뒤에 있는 저 남자는 신경 쓰지 마라!"

도로시 일행이 그가 서 있던 곳에 들이닥치자 그는 밖으로 나와 자신의 본모습을 보입니다. 이제 더는 무서운 마법사가 아닌 그는 도로시 일행에게 사과하고 고향인 캔자스로 돌아가야 하는 도로시를 비롯해 친구들을 도와주기 시작합니다.

이게 바로 감정 패턴이 작용하는 방식입니다. 감정은 우렁차게 고함치고 때로는 두려운 메시지를 전하기도 하죠. 우리는 그게 진짜라고 생각하고요. 하지만 순수한 자기성찰이 우리 내면의 강아지 토토가 돼 커튼을 걷어내면 이를 있는 그대로 볼 수 있게 됩니다. 그 감정은 갈수록 투명해지다가 결국에는 힘을 잃습니다.

내면 해독

인지치료는 왜곡된 감정 패턴을 조절 가능한 패턴으로 만드는 데 목표를 둡니다. 타라는 여기에 마음챙김을 접목했습니다. 타라의 접근법은 마음챙김으로 왜곡을 명확히 밝혀 이런 패턴을 더 명확하게, 있는 그대로 볼 수 있게 합니다.

모든 감정 습관의 중심에는 불안감을 유발하는 느낌이 자리합니다. 그리고 스키마의 왜곡된 대응 구조는 우리가 더 풍성한 삶과 회복적 관계를 누릴 수 없게 하죠. 타라는 《감정의 연금술》에서 대표적인 10가지 감정 패턴을 소개했고(그리고 후속작《내 감정의 함정》에서 이를 더 구체적으로 발전시켰습니다) 린포체와 만났을 때 관련 내용을 설명했습니다. 린포체는 이것이 서양인 제자를 더 잘 이해하는 데 도움이 될 것이라고 했죠. 아마도 불교 학자로 훈련받은 덕일 테지만 린포체는 암기에 뛰어난 재능이 있습니다. 그 덕분에 그는 감정의 연금술 체계를 금세 습득하고 이를 참고해 자신만의 체계를 만들었습니다. 10가지 감정 패턴 중에는 영이 '피해에 대한 취약성(vulnerability to harm)'이라고 지칭한 것도 포함됩니다. 이 스키마는 가벼운 불안감으로 감지될 수도 있지만 극단적으로는 심각하게 다치거나 죽을까 두려워 집 밖에 나가지 못하는 광장공포증(agoraphobia) 같은 강도 높은 두려움으로 표출되기도 합니다. 간단히 설명하면 광장공포증이 있는 사람은 지극히 낮은 잠재적 가능성에 매달려 최악의 상황을 상상합니다. 낮은 위험 발생 가능성을 무시하고 정상적인 두려움을 통제 불가능한 상태까지 고조하며 끔찍한 일이 진짜로 일어날 수도 있다는 확신을 갖고 상상합니다. 그 결과 공황과 마비 상태가 되죠. 그게 대가입니다. 감정적 보상이라고는 취약성 패턴 뒤에 숨은 더 깊은 공포와 대면할 필요가 없다는 것뿐이죠.

타라는 자신의 책에서 한 내담자의 사연을 소개했습니다. 내담자는 그가 열네 살이었을 때 심장마비로 죽을 고비를 넘긴 아버지에게 이런 말을 듣습니다. "내가 그때 어떻게든 살아나려고 한 건 오로지 너 때문이었어." 이 말을 들은 뒤로 그는 아버지의 목숨이 자신에게 달려 있다는 두려움이 생겼습니다. 어른이 된 그는 의료 서비스 분야에서 근무하며 만성적 두려움에 시달렸습니다. 아주 조금 걱정스러울 뿐인 사소한 문제를 완전한 재앙으로 확대 해석하는 감정 패턴을 보였죠. 예를 들어 남자친구가 지나가는 말로 속이 쓰리다고 말하면 큰 병에 걸린 게 분명하다고 생각하며 걱정하는 식이었습니다.

이런 고질적인 걱정의 뿌리는 같은 경향의 부모 밑에서

자라납니다. 성인이 된 뒤에는 불안을 느끼는 영역이 경제적 불안에서 건강, 주위 사람의 안전에 이르기까지 어디로든 확대될 수 있습니다. 이런 격렬한 걱정은 실제 위험에 대비하게 하는 적응성 두려움과는 다릅니다. 그런데 타라는 《감정의 연금술》에서 불안이 지나치게 심화할 때 문제가 생긴다고 지적합니다.

그는 공포로 몰아가는 생각과 느낌을 인식하고 과장된 두려움을 관찰한 뒤 두려움을 유발한 느낌과 상황을 더 명확히 보도록 마음을 훈련하는 것이 이 패턴을 치유하는 한 가지 방법이 될 수 있다고 이야기합니다. 불안한 생각을 주의 깊게 관찰하면 그런 생각이 자신의 행동을 좌지우지하게 내버려두지 않기로 선택할 수 있고 이로부터 감정 해방이 시작됩니다. 깊은 감정과 의식적으로 함께하는 이 직접적이고 비반응적(nonreactive)인 대응은 린포체의 악수 연습에서도 찾아볼 수 있습니다.

피해에 대한 취약성이 변형된 감정 패턴 중에는 사회적 불안도 있습니다. 이는 누군가가 자신을 가혹하게 비난하거나 깔아뭉개는 상황을 두려워하는 증상입니다. 이런 심리적 문제가 있는 사람은 군중 앞에서 이야기하는 것을 두려워할 뿐 아니라 낯선 사람을 만나거나 다른 사람에게 부정적으로 평가받는 상황 자체를 두려워합니다. 그래서 사회적 불안을 느낄 수 있는 상황을 피하려고 삶의 방향을 억지로 틀기도 하죠.

필립 골딘(Philippe Goldin)이 이끄는 캘리포니아대학교 데이비스캠퍼스 신경과학연구소는 사회적 불안이 있는 사람을 대상으로 연구를 진행했습니다. 스탠퍼드대학원에서 임상심리학과 신경과학을 전공하기 전 네팔과 인도 북서부 도시 다람살라에서 6년을 보내며 티베트 불교 철학과 수행법을 공부한 경력이 있는 골딘은 독특한 관점에서 마음과 뇌의 연구에 접근합니다. 그는 수용의 자세가 불편한 감정 습관에 반응하는 방식에 어떤 영향을 주는지에 관한 몇 안 되는 과학적 연구를 진행했죠.

골딘은 사회적 불안을 앓는 사람을 실험 참가자로 모집해 이들에게 극심한 불안감을 느꼈던 실제 사건을 회상하라고 요청했습니다. 그런 다음 그들에게 어떤 일이 일어났고 그동안 머릿속에서 그들 자신에 대해 어떤 부정적인 생각이 들었는지 글로 적어보게 했습니다. 사람들이 가장 흔히 한 생각 몇 가지는 '내가 얼마나 불안한지 다른 사람 눈에 보일 거야', '사람들은 항상 나를 평가해', '수줍음을 잘 타는 성격이 정말 부끄러워' 등이었습니다.

그리고 이 생각 하나하나가 부정적 감정의 연쇄 작용을 촉발했습니다. 그런 생각 자체가 뇌에서 불안의 신경 경보 회로를 작동하는 거죠. 연구 팀은 뇌 스캔 검사를 하는 동안 이런 부정적인 생각이 촉발될 때 관련 회로가 활성화되면서 불이 들어오는 것을 확인했습니다.

골딘은 여기서 한 걸음 더 나아갔습니다. 그는 사회적 불안이 있는 실험 참가자 중 한 그룹을 훈련해 각자의 생각과 느낌을 그저 지켜보고 그 생각과 느낌에 반응하지 말고 그저 알아차리게만 했습니다. 바로 이렇게 지시했습니다. "그저 매 순간의 경험을 받아들일 수 있다고 믿으세요. 생각이나 느낌에 어떤 식으로든 반응하지 말고 흐르는 시내를 바라보듯 지켜보세요."

연구진은 문제가 되는 감정을 향해 아무 반응도 하지 않는 이런 태도를 '수용'이라는 용어로 묘사했습니다. 심리치료사 크리스 게르너(Chris Gerner)는 수용이 우리 자신에게 연민을 갖는 일의 중요한 부분이라고 봤습니다. 그는 수용 과정에 여러 단계가 있다고 주장하는데 이는 린포체의 악수 연습과도 유사해 보입니다. 첫 단계는 저항입니다. 불편한 감정을 회피하는 흔한 경향이죠. 하지만 다음 단계에 이르면 사람들은 불편함에 관심을 보이고 불편함을 향해 돌아섭니다. 그 감정과 함께할 수 있게 되면 불편함을 괜찮게 느끼고 굳이 반응하지 않고도 불편함이 자유롭게 오가도록 내버려둘 수 있죠. 마지막으로 린포체가 악수라고 부르는 단계에 이르러 우리는 한때 우리를 불편하게 했던 감정과 친구가 됩니다.

뇌과학자들, 그중에서도 특히 골딘은 우리를 자극하는 생각과 감정이 편도체를 포함한 광범위한 경보 회로를 활성화한다는 사실을 발견했습니다. 그런데 예일대학교 헤디 코버(Hedy Kober) 연구 팀의 연구 결과, 수용의 자세는 편도체의 반응성을 감소시켜 불편한 감정이 우리 생각과 행동을 좌우하게 내버려두지 않으면서 거기에 의식을 두기 더 쉽게 한다고 사실이 밝혀졌습니다. 또 수용이 육체적 고통을 더 쉽게 참을 수 있게 해준다는 사실도 밝혀졌죠. 이 연구 결과를 담은 논문 제목은 〈흘러가는 대로 두라(Let it be)〉로 알고 보면 그 자체로 정말 훌륭한 조언입니다.

골딘의 연구에서도 비슷한 결과가 나왔습니다. 사회적 불안이 있는 사람이 자신이 느끼는 불안에 반응하지 않고 그저 받아들이는 태도로 주의를 기울일 때 실제로 불안이 줄어들었죠. 그리고 놀랍게도 줄어든 편도체 반응성과 불안 정도는 널리 상용되는 비약물적 치료법인 인지치료로 사회

내면 해독

적 불안을 치료한 비교군 집단에 맞먹었습니다.

인지치료는 두려운 생각에 맞서는 활동을 포함한 여러 전략을 사용하는데 이때 정신적 활동이 관여하는 대뇌피질과 다른 여러 회로의 활동이 증가합니다. 그런데 수용 접근법은 이런 회로를 전혀 활성화하지 않는데도 불안을 줄이는 데 비슷한 효과를 낸 것입니다.

골딘은 이렇게 설명합니다. "수용은 가득한 생각을 꽉 묶어두고 있는 덩굴을 느슨하게 만듭니다… 현관문과 뒷문을 활짝 열어두고 생각이 오가도록 내버려두십시오. 그저 그들에게 차를 대접하지만 않으면 됩니다."

본질적 사랑과 연결되기
다 괜찮아지는 법

4장

린포체의 가르침

여러 해 전, 순회와 지도 일정이 많아 내면과의 연결이 조금 약해진 적이 있습니다. 겉으로는 아무 문제 없었고 맡은 일도 제대로 해나갈 수 있었지만 안에서는 일종의 공허감이 들었지요. 저는 긴 순회 일정을 수행하며 인도 뉴델리에 있는 한 호텔 방 침대에 멍하니 앉아 텔레비전 채널을 돌리고 있었습니다.

갑자기 제 시선이 잘생긴 남자와 우아하고 매끈한 옷을 입은 예쁜 여자가 침착하고 자신 있는 발걸음으로 시골길을 걸어가는 장면에 쏠렸습니다. 그들이 입은 옷과 여자의 긴 머리가 산들바람에 나부꼈습니다. 남자의 셔츠는 주름 하나 없이 말끔했고 단추가 일부 풀려 있어 여섯 개로 갈라진 복근이 3분의 2쯤 들여다보였지요. 나머지 3분의 1은 바지에 가려 보이지 않았지만 복근이 거기에도 있다는 것쯤은 충분히 알 수 있었습니다. 저는 제 배로 손을 뻗어 갈라진 곳이라곤 하나도 없는 복부를 만지작거렸지요.

그 커플은 애쓰지 않아도 그저 행복하고 자신감 넘치는 듯했습니다. 제 자신에게서는 찾기 힘든 활동적인 느낌이었지요. 저는 그들이 가진 것을 갖고 싶어졌습니다. 그들의 한쪽 겨드랑이에는 윤이 나는 은색 노트북이 끼워져 있었습니다. 그건 소니 노트북 바이오 광고였거든요.

저는 고개를 가로저으며 이렇게 생각습니다. '말도 안 돼. 저건 그냥 광고잖아. 저 사람들은 그저 배우일 뿐이야.' 저는 저 완벽한 장면을 담아내기 위해 촬영 팀이 얼마나 여러 번 촬영했을지 잘 알고 있었습니다. 화면 속 남녀는 특정한 감정과 분위기를 전달하도록 훈련받은 전문 모델이자 배우이며 시청자가 특정한 느낌을 갖도록 유도하고 설득하는 것이 이들의 임무라는 점도요. 저는 채널을 돌렸고 이 일은 잊어버렸지요.

그런데 몇 주 뒤 싱가포르에 있을 때 똑같은 광고를 다시 보게 됐고 이번에도 그 광고가 잠시 제 관심을 사로잡았습니다. 바람에 여자의 머리카락이 날려 남자 얼굴에 닿아도 남자는 개의치 않았습니다. 그는 너무 행복하고 너무 멋졌으니까요. 이번에도 저는 고개를 가로젓고 광고 생각을 머릿속에서 지웠습니다.

몇 주 뒤 저는 파리를 순회하며 강의를 했고 커다란 옥외 광고판에서 아주 멋져 보이는 그 두 남녀가 노트북을 손에 들고 있는 사진을 봤습니다. 제 시선은 금세 다른 곳으로 옮겨 갔지요.

하지만 파리에서 광고판을 본 뒤 뉴욕에 도착한 저는 결국 소니 바이오 노트북을 샀습니다.

2주 동안은 새로 장만한 노트북 덕분에 마음이 꽤 들떴습니다. 기분이 좋아져 공허감을 어느 정도 잊었지요. 노트북을 재밌게 가지고 놀았고 우아한 디자인에 감탄했습니다. 노트북을 들고 커피숍에 가면 꽤 현대적이고 멋진 사람이 된 기분이 들었어요.

그런데 몇 주가 지나면서 그 효과는 서서히 사라졌습니다. 노트북 스크린 여기저기 묻은 기름진 지문이 눈에 띄기 시작했습니다. 광고에는 그런 얘기가 없었는데 말입니다.

이후 일 때문에 다시 유럽에 갔는데 노트북 플러그가 콘센트와 호환되지 않았습니다. 저는 플러그 어댑터를 사야 했지요. 이것 역시 광고에는 언급되지 않은 내용이었습니다.

수 주가 지난 뒤 티베트 고지대를 지나던 중 노트북이 부서졌습니다. 울퉁불퉁한 길, 흙, 고도를 감당하기에는 아무래도 무리였나 봅니다. 이 역시 광고에는 다뤄진 적이 없었지요.

상황에 의존하지 않는 내적 평안함

악수 연습을 통해 감정세계와 아무 의도 없이 직접적이고 꾸밈없는 방식으로 만남으로써 우리는 때때로 상황에 좌우되지 않는 자연스러운 웰빙을 만나기도 합니다. 아름다운 괴물, 감정, 느낌, 기분, 반응, 저항과 친구가 되어감에 따라 자신을 깊게, 유기적으로 치유하기 시작하지요. 그 결과 감정세계의 기초가 되는 '다 괜찮음(okayness)'을 더 많이 느낄 수 있습니다. 저는 이런 마음을 '본질적 사랑(essence love)'이라고 부릅니다.

본질적 사랑은 시끄럽지도, 화려하지도 않습니다. 우렁찬 트럼펫 연주, 화려한 불꽃놀이와 함께 우리 앞에 나타나는 법도 없지요. 오히려 조용하며 미세합니다. 아무 이유 없이 그냥 다 괜찮은 기분이 듭니다. 변화하는 느낌, 감정, 기분 아래 자리한, 미세한 내면의 따뜻함 같은 것이지요. 우리는 이를 '감정세계의 진정한 고향'이라고 부릅니다. 티베트 불교인 관점에서 본질적 사랑은 에너지의 씨앗이자 육체와는 다른 신비체를 구성하는 요소 중 하나인 빈두의 특성입니다. 본질적 사랑은 태어날 때부터 모두에게 존재하며 건강한 아이는 이를 내면의 기쁨, 삶의 불꽃, 장난기, 사랑을 주고받을 준비가 된 마음으로 느낍니다.

현대사회에서 성장하면서 스트레스가 유발되는 경쟁적인 학교생활, 사회활동, 일을 수행하다 보면 내면의 본질적 사랑이 스트레스, 자기판단, 희망, 두려움에 겹겹이 뒤덮일 수도 있습니다. 우울증이나 번아웃, 불안 장애 등으로 이런 내면의 불꽃이 거의 다 가려지기도 합니다. 하지만 본질적 사랑은 결코 파괴되거나 소실되지 않습니다. 그저 우리가 이를 발견하고 연결하고 경험하지 못할 때가 많을 뿐이지요.

우리는 악수 연습을 통해 내면에 존재하는 본질적 사랑과 다시 연결될 수 있습니다. 더 많이 연결되고 더 잘 보살필수록 기본 감각인 다 괜찮음과 상황에 좌우되지 않는 평안함, 기꺼이 사랑하려는 마음, 명료성·용기·유머·기쁨의 불꽃을 더 많이 느낄 수 있습니다.

본질적 사랑은 시끄럽거나 극적이지 않으며 미세합니다. 감정세계의 배경에서 마치 "난 괜찮아. 이유는 잘 모르겠지만 괜찮아"라고 조용하게 속삭이고 있는 듯하지요. 우리는 워낙 감정, 고통, 기쁨처럼 더 시끄럽고 화려한 것을 찾는 데 익숙해 본질적 사랑은 알아보지 못하기 쉽습니다. 본질적 사랑은 새로운 경험, 소유, 관계에서 오는 흥분보다 훨씬 더 희미하고 잘 느껴지지 않기 때문입니다.

사랑의 본질과 사랑의 표현

본질적 사랑과 표현적 사랑(expression love)에는 중요한 차이가 있습니다. 표현적 사랑은 바깥으로 향합니다. 부모의 사랑, 남녀 간의 사랑, 친구 간의 사랑, 종교적 사랑, 자애 등이 여기에 해당하지요. 이 모두가 다 훌륭하며 건강한 삶을 위한 가치가 있지만 여기서 우리가 주목하는 부분은 한발 뒤로 물러난, 한층 근본적인 어떤 것입니다. 사랑의 표현이 나오는 원초적 차원, 즉 본질적 사랑이지요.

사랑이 생겨나고 사랑을 기꺼이 주고받으려는 마음이 드는 곳이 바로 그것입니다. 표현적 사랑은 본질적 사랑에서 발산될 때 건강한 사랑이 될 수 있습니다. 저는 본질적 사랑과 연결되고 그 사랑을 키우는 것이 내면의 평안함뿐 아니라 타인과 맺는 관계의 질을 향상하는 중요한 방법이라고 믿습니다.

본질적 사랑은 자기애(self-love)와 구별할 필요가 있습니다. 제가 보기에 자기애는 자기 자신을 향한 표현적 사랑의 한 형태와 유사합니다. 마치 손전등 빛이 손전등을 들고 있는 사람을 향하는 것처럼 말이지요. 자기애라는 말은 자기 판단, 자기비난, 자기혐오를 치유하는 마음의 진정제처럼 들리기도 합니다. 분명 자기 자신에게 만족하는 것은 자신을 가혹하게 비판하는 것보다는 훨씬 낫습니다.

세상에는 자기애의 중요성에 대한 가르침으로 가득 차 보입니다. 저는 자신을 사랑한다는 개념이 다양한 의미로 사용되고 있다고 짐작하며 그중 일부는 제가 여기서 설명하려는 개념과 겹칠 수도 있을 듯합니다.

하지만 본질적 사랑의 특성은 자기애와는 조금 다릅니다. 본질적 사랑은 감정세계에 존재하는 무조건적 평안함과 마찬가지로 특정한 한 방향을 향하지 않습니다. 그 누구에게도, 심지어 우리 자신에게도 초점을 두지 않습니다. 자의식 혹은 자기 몸의 이미지에 관한 긍정적 생각이나 느낌을 자아내는 마음이 아닙니다. 우리는 그런 느낌과 생각을 일으키지도 않고 방향을 지시하지도 않습니다. 본질적 사랑은 태어날 때부터 이미 우리 안에 있습니다. 우리는 그런 사랑을 알아차리고 키울 수 있으며 그러면 그 사랑이 우리 안에서 흘러넘치기도 합니다. 본질적 사랑과 연결되는 것이 자기판단을 해소하는 수단은 아니지만, 내면의 공허감은 치유할 수 있습니다.

본질적 사랑의 반대는 공허감

소니 노트북 광고 이야기로 돌아가봅시다. 모든 순회 일정을 소화하면서 저는 텔레비전 채널을 이리저리 돌리다 유혹적인 그 광고를 보게 됐습니다. 어째선지 제 내면의 본질적 사랑은 차단돼 있었지요. 본질적 사랑과 연결되지 못하면 내면에서 공허감이 느껴질 수 있습니다.

내면의 본질적 사랑과 연결되면 공허감이 사라지면서 평온해진 내면에 미세한 따뜻함이 차오릅니다. 그러면 표면적 사랑이 다 괜찮은 내면의 깊고 건강한 곳에서 나오기 때문에 훨씬 덜 조건적일 수 있습니다.

반대로 내면의 본질적 사랑과 연결되지 못하면 존재 깊은 곳의 뭔가가 괜찮지 않다는 느낌이 듭니다. 평안감 대신 감정적 불균형과 허기가 느껴지지요. 우리는 감정세계에 드리운 이 공허감을 무엇으로든 채우고 싶어집니다. 의식적으로든 무의식적으로든 행동의 상당 부분이 이런 욕구에서 출발합니다. 마치 우리 삶을 조종하는 비밀스러운 의도라도 있는 것처럼 말입니다. 우리는 뭔가를 소비하거나 소유하거나 만족스러운 경험을 하는 것으로 이런 공허감을 채우려 합니다. 제가 소니 노트북을 산 것처럼 말이지요.

내면의 공허감과 지금 같은 소비문화는 위험한 조합입니다. 광고주들은 영리해서 거짓된 가능성으로 공허감을 공략하며 희망과 두려움의 끊임없는 순환을 유발합니다. "마음이 공허하다고요? 이걸 사면 행복해질 겁니다. 이게 없으면 계속 기분이 나쁠 거예요." 본질적 사랑에서 단절되면 자기도 모르게 이 메시지를 수용하고 충동적 소비를 할 수도 있습니다. 극단적으로는 상황을 악화하는 소용돌이에 빨려들어 자기파괴적인 약물과 행동에 중독되기도 합니다.

인간관계도 공허감을 채우려는 숨은 의도에 상처 입을 수 있습니다. 본질적 사랑이 아니라 공허감에 휩싸여 있으면 표현적 사랑이 때로는 결핍감과 공허감을 채우려는 욕구에서 나올 수도 있지요. 그러면 사랑을 표현하는 방식이 상당히 조건적이게 됩니다. 그건 명확하지 않을 수도 있고 제대로 인식하기 힘들 수도 있습니다. 그렇지만 실질적으로 우리 행동에는 '네가 x, y, z를 해서 내가 공허감을 안 느끼면 그때 너를 사랑해줄게'와 같은 조건이 달려 있지요. 이런 은밀한 의도는 건강한 관계와 무조건적 사랑을 주고받는 능력을 약화시키거나 손상시킬 수 있습니다.

아이들의 경우 무의식적 사랑의 배경을 느끼는 것이 특히 중요합니다. 버릇없는 행동을 하거나 성적이 떨어지면 혼나고 착한 행동을 하면 보상받는 것처럼 표면적 차원에서는 조건이 있을지 몰라도 아이가 건강하게 발달하려면 아이의 성과나 다른 모든 행동 밑바탕에 무조건적 사랑이 자리한다는 안정적이고 강렬한 느낌을 가질 수 있어야 합니다. 그렇지 않으면 학교 수업, 미술, 운동 등에서의 성과가 곧 자신의 가치라고 오해할 수도 있습니다. 성과와 자신의 가치를 혼동하는 것은 본질적 사랑이 가려지는 주된 이유지요.

본질적 사랑: 불리한 조건과 유리한 조건

앞서 현대사회의 빠른 속도가 안정적이고 균형 잡히고 건강한 에너지를 유지하는 데 방해가 될 수 있다는 사실을 살펴봤습니다. 비슷한 맥락에서 내면의 평안감과 연결되는 것을 방해하는 요인이 현대사회에 가득하다 보니 성장기와 성인기를 거치는 동안 본질적 사랑이 성장하는 데 어려움이 따릅니다. 이런 불리한 조건은 본질적 사랑을 차단하거나 잘 보이지 않게 할 수 있지요. 심할 경우 본질적 사랑이 아예 눈에 보이지 않게 돼 이를 느끼고 경험하지 못하는 상태에 이르기도 합니다.

세계를 여러 차례 순회하다 보니 현대적 교육과 직장 문화가 본질적 사랑을 찾아보기 힘들게 만들고 있다는 사실을 알게 됐습니다. 한 가지 원인은 우리의 바쁜 삶에 있을지 모릅니다. 사람들은 꽤 어린 나이부터 학교와 그 밖의 활동에서 주어진 일정을 소화하느라(가서 이걸 하고 그리고 숙제하고 그다음에는 저걸 해야 하는 식으로) 정신이 없습니다. 이런 분주함은 우리가 본질적 사랑을 가로막는 감정인 희망과 두려움 속에 계속 빠져 있게 하지요. 더 깊은 관점에서 보면 구체적인 내용에 관계없이 모든 조건적 사랑에는 희망과 두려움의 기운이 서려 있습니다.

반면 본질적 사랑을 불러일으킬 수 있는 순간과 상황도 많습니다. 육체적 사랑을 나누는 것, 애정을 품는 것, 깊은 헌신, 깊은 사랑 등은 본질적 사랑과 접촉할 수 있는 수많은 조건 중 하나입니다. 그 밖에도 아름다운 음악 듣기, 자연과 함께하기, 부드럽고 긴 호흡 하기, 맛있고 건강한 음식으로 몸에 영양 공급하기, 가벼운 요가와 운동으로 빈두('신비체'에서의 에너지 씨앗) 강화하기 등이 있지요.

살아오면서 경험한 무조건적 사랑의 기억도 본질적 사랑을 자극할 수 있습니다. 이는 중요한 관계에서의 경험일 수도, 아닐 수도 있습니다. 목이 마를 때 누군가 건네준 물처럼 우연한 순간의 기억이 될 수도 있지요. 아무 조건 없는 친절과 사랑을 받았을 때의 기억은 본질적 사랑을 불러일으키는 데 도움이 됩니다. 그 외에 꽃을 본 것처럼 아름다운 자연과 그 순간의 느낌에 관한 기억도 흔히 본질적 사랑을 불러일으키지요. 그 꽃은 우리의 소유가 아니지만, 어쨌든 우리에게 도움을 줍니다. 야트막한 산 정상에 올라서 본 아름다운 일몰 광경도 마찬가지입니다. 석양이 본질적 사랑이어서가 아니라 그저 다 괜찮음이 내면에서 막힘없이 흘러나오게 하는 아주 좋은 계기가 되기 때문입니다.

그런 순간에 우리는 자유로움에 대해 느낄 수 있지요. 다만 이럴 때 우리 과제는 본질적 사랑을 불러일으킨 계기가 석양이었든 아니면 누군가의 꽃밭이었든 거기에 의존하지 않는 법을 배우는 것입니다. 우리는 연습을 통해 언제 어떤 순간에든 본질적 사랑을 떠올릴 수 있습니다. '이 사랑은 내 안에 존재하며 이것이 내 본성이다' 하는 사실을 신뢰하기 때문이지요.

그렇더라도 본질적 사랑에 연결되는 경험은 유익합니다. 저는 이를 보너스라고 부릅니다. 보너스를 마다할 이유가 어디 있겠습니까? 그런데 동시에 이 경험은 신뢰하기가 힘 듭니다. 우리가 경험하는 모든 것은 영속적이지 않습니다. 비영속적이라는 것은 어떤 원인이나 조건이 상황을 바꿀 수도 있다는 의미지요. 황홀한 섹스를 할 수 있지만 그 경험 은 일시적이며 그 밖의 요인이 개입할 수 있기 때문에 다음 번에는 환상적인 섹스, 환상적인 음식, 환상적인 음악, 환상 적인 뭔가를 경험하기 힘들지도 모릅니다.

공연을 보러 갔다가 도중에 연인과 큰 말다툼을 벌였다 면 음악을 통해 얻는 기쁨이 아무래도 예전만 못하겠지요. 이런 요인은 언제든 경험을 방해하고 바꿔놓을 수 있습니 다. 그래서 우리는 수용하고 변화하고 내려놓는 법을 배워 야 합니다. 여러 조건에 기대기보다 직접 본질적 사랑을 찾 아야 하지요. 실제로 본질적 사랑은 그 어떤 조건에도 의존 하지 않습니다.

본질적 사랑과 연결되기 위해 외부 환경에 더 많이 의존할수록 우리는 점점 더 약해집니다. 우리 뇌는 반복에 흥미를 잃고 한때 본질적 사랑을 유발했던 경험에서 관심을 돌리며 나태해지지요. 진실하고 유용한 이야기를 들어도 지루해하고 싫증 내며 "아, 전에 이미 들었어"라고 냉담하게 반응합니다. 그러다 언젠가 우리는 자산을 잃었음을 깨닫습니다. 본질적 사랑을 자극하는 경험 말입니다. 예를 들어 본질적 사랑을 유발하는 주요 상황이 15가지 있다고 합시다. 그런 상황은 무한하지 않습니다. 음식, 섹스, 스키, 등산… 우리는 이런 활동을 꾸준히 반복합니다. 그런데 어느 날 더는 그것이 기능하지 않습니다. 익숙해지고 습관화돼 더는 예전과 같은 기쁨과 흥분을 느낄 수가 없는 것이지요.

그러면 우리는 희망을 잃고 '이제 그 어떤 것도 나를 행복하게 해주지 못하는구나' 하고 생각합니다. 저는 이 현상을 '상류층의 고통(high-class suffering)'이라고 부릅니다. 뭔가를 새로 사면 2주 동안은 신이 납니다. 제가 소니 노트북을 샀을 때처럼요. 그러고 나면 우리는 본질적 사랑을 되찾고 싶은 마음에서 이를 반복적으로 유발해야 한다고 생각합니다. 만약 좋아하는 음식을 한 달 동안 매일 먹는다면 본질적 사랑을 느끼기는커녕 구역질과 구토를 하게 되겠지요. 반면 내면의 성장에는 그런 결말이 없습니다. 본질적 사랑과 직접 연결되는 능력은 줄어들지 않고 계속 자라납니다.

최근에 제게 생긴 일을 예로 들어보겠습니다. 저는 네팔의 산비탈에 자리한 유명 휴양도시 포카라(Pokhara)를 방문했습니다. 아름다운 곳이었지요. 우리 일행은 도시 바깥에 있는 시골집에서 캠핑하듯 머물렀습니다. 그곳에는 화장실과 샤워 시설이 없고 전기도 거의 들어오지 않았어요. 지내는 동안 고생은 좀 했지만 제법 즐거웠습니다. 그런데 여행을 마치고 집에 돌아오니 모든 것이 너무 편안하고 편리하게 느껴지더군요. 두 발짝만 걸으면 화장실이 있고 수도와 온수 시설이 갖춰져 있고 침대는 너무 푹신하고 안락했습니다. 하루 동안은 그런 편안함을 한껏 느끼며 즐겼는데 그 뒤로는 잊어버렸습니다. '이런 환경에서 지내는 게 당연하지' 하면서 그저 모든 게 정상으로 돌아왔다고 생각한 것입니다. 주어진 상황에 감사하기보다는 당연하게 받아들이면서요.

그런데 우리가 본질적 사랑을 유발하는 요인, 즉 조건과 내재하는 본질적 사랑을 혼동하면 문제가 생깁니다. 조건은 본질적 사랑을 불러일으킬 수는 있어도 어떤 방법이나 행동으로 본질적 사랑을 창조하지는 못합니다. 언젠가 우리는 그 모든 조건에 의존할 필요가 없어질 것입니다. 그 대신 연습하고 마음을 단련해 그런 조건이 전혀 없어도 본질적 사랑에 언제든 연결될 수 있는 상태에 이르겠지요.

외적 조건에서의 독립은 내면의 자유가 시작됐다는 신호입니다. 그러면 어두컴컴한 방에 혼자 앉아 있으면서도 본질적 사랑과 연결될 수 있습니다. 그리고 죽어가는 순간에조차 본질적 사랑과 연결될 수 있을 것입니다.

수련

본질적 사랑은 황홀한 행복이나 강렬한 기쁨보다는 방 안에서 느껴지는 미세한 온기나 습기에 더 가깝습니다. 이는 화려한 물체나 사람에 휩쓸려 잘 감지되지 않을지 모릅니다. 결정적으로 본질적 사랑은 우리 안에 항상 존재하며 일단 우리가 그 사랑과 연결돼 사랑을 키우면 어떤 느낌이나 감정, 기분인지에 관계없이 이를 알아차릴 수 있습니다. 여기서는 본질적 사랑을 활성화하는 데 도움이 되는 몇 가지 수련을 해보려고 합니다.

알아차리기

--- ✦ · · ✦ · · ✦ ---

바닥이나 의자에 앉아 편안한 자세를 취합니다. 잠시 동안 생각을 내려놓고 의식을 몸에 둡니다. 이제 서서히 눈을 뜨고 방 안을 살며시 바라보세요. 방 안 물건을 평소와 같은 시선으로 인식합니다. 이제는 그 물건을 향했던 의식을 거둬들이고 잠시 그저 방 안 공간에 의식을 둡니다. 이제 다시 물건에 의식을 둡니다. 그런 뒤 물건에서 의식을 거두고 모든 것을 담고 있는 그 공간을 의식합니다. 이렇게 의식을 오가게 하면서 이 두 상태에서 어떤 느낌이 드는지 알아차립니다.

--- · ✦ · ---

갈망에 대한 생각

티베트 전통에는 '굶주린 유령' 이야기가 있습니다. 뭘 먹어도 욕구가 결코 충족되지 않아 늘 배고픔과 갈증에 시달리며 돌아다니는 목이 짧고 배가 불뚝한 영혼이지요.

굶주린 유령은 다양한 유형의 끝없는 갈망에 대한 은유입니다. 행동의 결과를 직시하지 못하고 그저 계속해서 되돌아오는 갈망을 채우려 하는 순환에 갇힌 상태를 표현한 것이지요. 이런 갈망을 충족하기 위해 노력하는 전통적인 예는 소금물 마시기 같습니다.

문자 그대로든 은유적이든 그런 경험을 깊이 숙고하는 것은 깊은 연민의 원천이 될 수 있습니다. 또 때로 '굶주린 유령의 심리 상태'가 각자의 삶에서 어떻게 작용하는지 되돌아보는 것은 유용하며 정신을 냉철하게 합니다.

◆ · · ◆ · · ◆

바닥이나 의자에 앉아 편안한 자세를 취합니다. 잠시 생각을 내려놓고 의식을 몸에 둡니다. 절대 충족될 수 없는 강렬한 갈망을 동기로 하는 '굶주린 유령'이라는 존재를 인식합니다. 그리고 마음속으로, 삶에서 이런 심리 상태가 어떤 식으로 나타나는지 생각해 봅니다. 다음으로 외부에서 그 어떤 것을 얻더라도 완전한 만족감이나 지속적인 행복을 주지 못했다는 사실을 떠올려 봅니다. 본질적이고 기본적인 평안이 이미 내 안에 있으며, 그것이 무한한 행복의 원천이라는 것을 되새깁니다. 타고난 권리인 본질적 사랑과 다시 연결되고 그 사랑을 더 키우겠다고 열망하세요.

· ◆ ·

자극 활용법

자극(trigger)은 우리에게 도움이 되는 조건과 활동을 이용해 본질적 사랑을 활성화합니다. 우리 각자에게 잠재적 효력이 있는 자극, 영감, 관계성은 여러 가지여서 어떤 하나의 자극이 미치는 영향은 사람마다 다릅니다. 조건 없이 사랑받은 기억이나 석양을 바라보던 기억처럼 자신에게 맞는 건강한 자극을 찾아 활용하세요.

여기서 중요한 부분은 자극이나 영감을 이용해 본질적 사랑을 활성화하고 나면 한동안 본질적 사랑 자체를 의식하면서 그 자극에서는 관심을 거두는 것입니다.

◆ · · ◆ · · ◆

음악

특히 아름답고 감동적인 음악 한 곡 또는 여러 곡을 준비합니다. 재생 시간이 명상 연습 시간의 2분의 1~3분의 2 정도인 곡을 선택합니다.

긴장을 풀고 편안한 자세로 몇 분 동안 몸에 의식을 내려놓습니다. 그런 다음 준비한 노래를 틀고 음악이 몸을 통과해 나를 씻어낼 수 있게 합니다. 몇 분 동안 그 아름다움을 감상하면서 음악이 주는 감동에 마음을 엽니다. 음악을 들으면서 몸의 감각과 느낌을 인식합니다. 이제는 기본적으로 다 괜찮다는 느낌이나 웰빙 같은 감정세계에 내재한 미묘한 특성과 연결되려고 노력해봅니다. 음악이 끝나가면 먼저 음악에서 주의를 거두고 이어 몸의 감각과 느낌에서 주의를 거둔 뒤 본질적 사랑과 다 괜찮다는 느낌에 머물기 위해 노력합니다. 뭔가를 해야 할 필요 없습니다. 그저 그대로 깊이 몰두한 채 머뭅니다.

길고 부드러운 호흡

마찬가지로 긴장을 풀고 편안한 자세를 취한 뒤 몇 분 동안 의식을 몸에 내려놓는 데서 시작합니다. 이제 5~10분 동안 천천히, 길고 부드럽게 호흡합니다. 호흡의 편안한 리듬에 의식을 둡니다. 부드럽게 호흡하면서 몸이 이완되고 에너지가 깊어지고 영감이 느껴지게 합니다. 길게 들이쉬고 내쉬는 동안 몸의 미세한 감각을 의식합니다. 따끔거림일 수도 있고 따뜻함, 평화, 작은 기쁨, 어렴풋한 행복일 수도 있습니다. 이제는 호흡에서 주의를 거두고 어렴풋한 행복이나 다 괜찮음을 느껴보려고 노력합니다. 이 정도면 됐다는 생각이 들면 원래 호흡으로 돌아와 그저 본질적 사랑과 함께하면서 그것이 내게 들어와 내 안을 훑고 지나가게 합니다. 특별히 뭔가를 할 필요 없습니다. 그저 다 괜찮음 안에서 나를 다시 인식하세요.

가벼운 운동

기(氣) 수련, 가벼운 요가, 태극권, 스트레칭, 걷기 등 무엇이든 원하는 가벼운 운동을 활용하면 됩니다. 몇 분 동안 의식을 몸에 내려놓는 것으로 시작하세요. 이제 내가 선택한 방법으로 서서히 몸을 움직입니다. 편안한 마음으로 몸을 물 흐르듯 부드럽게 움직이거나 스트레칭하거나 걷습니다. 움직임을 통해 영감이 들어오게 합니다. 그런 다음 몸 전체의 느낌에 더 깊이 집중합니다. 마지막으로 몸의 움직임과 감각에서 의식을 거두고 본질적 사랑의 바탕에 있는 다 괜찮음과 본연의 평안함을 의식할 수 있게 집중해봅니다. 그 느낌과 함께 머뭅니다. 계속 움직이든 가만히 휴식하든 내면의 본질적 사랑에 의식을 두고 그 느낌과 함께합니다. 그 느낌을 다시 인식하면서 그것이 나를 길들이게 하세요.

좀 더 자연스러운 방법

긴장을 풀고 편안한 자세를 취한 뒤 의식을 몸에 내려놓고 몇 분을 보냅니다. 내면과 연결될 수 있었던 악수 연습 경험과 본질적 사랑의 느낌을 떠올립니다. 이제 본연의 평안함과 다 괜찮은 그 상태로 다시 돌아가 보세요. 그 느낌을 찾을 수 있다면 그곳에 그대로 머무세요. 내면과 다시 연결되기 위해 마음챙김을 활용해 다 괜찮은 느낌을 찾는 것에 주의를 기울여보는 것도 방법입니다. 가볍게 의식 속을 떠다니며 찾아다녀도 좋습니다. 조건적인 상태를 찾는 것이 아닙니다. 약간의 평안함과 다 괜찮은 느낌이 드는 지점을 찾았다면 그 상태를 유지하세요. 가벼운 마음챙김의 도움과 함께 머무세요.

다 괜찮음이나 평안함과 연결되는 접점을 찾기 힘들다면 악수하기로 돌아가세요. 악수 연습을 하는 순간의 경험이 두려움, 슬픔, 무감각함 중 무엇이든 그 경험과 만나고 함께 머뭅니다. 막혔던 문이 열리면 거기서 다시 본질적 사랑과 만날 수 있습니다. 이 연습을 계속하면 언젠가는 본질적 사랑을 더 많이 느낄 수 있고 찾으면 금세 나타나 "어, 나 여기 있어!"라고 말할 것입니다. 그러면 악수 연습이 더는 필요하지 않습니다. 곧바로 본질적 사랑과 함께 머물면서 이를 키워나갈 수 있지요.

확신이 서지 않거나 본질적 사랑이 아닌 공허감을 발견하더라도 찾기를 멈추지 말고 계속 시도하세요. 마음속으로 이렇게 외칩니다. '본질적 사랑아, 어디 있니?' 그러면 본질적 사랑이 모습을 드러낼지 모릅니다. 예전에 악수 연습을 통해 만난 적이 있기 때문이지요. 그저 계속 찾아다니면 됩니다. 때로는 혼 잣말로 '어디 있니?' 하고 외쳐야 할 수도 있습니다. 찾을 수 있 다면 잘된 일입니다. 만약 찾기 힘들면 악수하기를 활용하세 요. 악수 연습이 언제나 그토록 중요한 이유도 여기에 있습니 다. 모든 장애물과 방해 요인으로 막힌 부분은 언제가 됐든 열 려야 합니다. 그것을 여는 방법이 바로 악수하기지요.

· ◆ ·

본질적 사랑은 연습이라기보다는 우리가 타고난 기본적 인 평안이나 다 괜찮음을 되찾는 것입니다. 어떤 사람은 아 름다운 괴물이 가로막고 있지 않아 본질적 사랑에 더 쉽게 접근할 수 있습니다. 그들은 그저 의식을 돌려 알아차리기 만 하면 되지요. 하지만 본질적 사랑을 찾지 못하는 사람도 있습니다. 본질적 사랑이 없어져서가 아니라 그저 가려져 잘 안 보이기 때문입니다. 하지만 여기 소개된 방법의 도움 을 받으면 본질적 사랑과 다시 연결될 수 있습니다.

본질적 사랑과 연결될 때마다 우리는 그저 그것과 함께 하고 몰입함으로써 그 사랑을 키울 수 있습니다. 그 안에서 편히 머물고 몸을 푹 담가 그 사랑이 밀려들어 당신 안에서 넘쳐흐르게 하세요. 아무 이유 없이 모두 다 괜찮음, 기꺼이 사랑을 주고받으려는 마음, 기쁨과 재치 있는 익살, 자연 그 대로의 명료함, 용기 같은 본질적 사랑의 미세한 특성에 주목합니다.

연습하는 동안 이런 사랑, 기쁨, 유머, 용기를 표현하고 싶어질지도 모릅니다. 그 충동은 아주 긍정적이지만 지금 당장은 그 무엇도 표현할 필요가 없습니다. 연습하는 동안에는 그저 본질적 사랑과 계속 연결되고 그 사랑과 함께 머물며 연결을 더욱 강화하세요. 일상생활에서 본질적 사랑을 겉으로 표현할 기회가 아주 많이 생길 것입니다. 지금은 그저 본질적 사랑과의 연결을 강화하고 감정세계의 안식처와 내재된 평안감을 찾을 수 있다는 믿음을 확고히 할 때입니다. 그저 자신의 안식처에 편히 머무세요.

중요한 점은 자극을 사용하든 사용하지 않든 명상 수련을 할 때뿐 아니라 일상생활에서도 본질적 사랑을 가능한 한 자주 인식하는 것입니다. 이 함축적 조언을 기억하세요. "잠깐씩, 여러 번(short moments, many times)." 이는 우리 내면의 본질적 사랑에 다시 익숙해지고 연결을 강화하고 그것을 키워야 한다는 점을 상기하게 해줍니다.

저는 본질적 사랑과 연결되는 이런 방법이 우리 안에 내재한 웰빙을 누리는 건강한 삶의 열쇠라고 믿습니다. 본질적 사랑과 연결되지 못하면 우리는 항상 우리 자신이 아닌 다른 것에서 자기만족을 찾으며 외적인 조건에 의존하는 삶에 영원히 갇혀 지낼지도 모릅니다. 늘 허기가 져 빈속을 채우려고 끊임없이 뭔가를 먹으려는 '굶주린 유령'처럼 말이지요. 마음이 이런 상태면 결코 자유로워질 수 없습니다. 여기서 '자유롭다'는 마음속 아주 깊은 곳에서 느껴지는, 아무 근심 없고 활기가 넘치는 행복을 의미합니다.

지난 세대 위대한 대가의 마음속 깊은 곳에는 이런 밝은 에너지가 있었습니다. 그들은 판단하거나 비교하지 않고 남의 마음을 헤아릴 줄 알며 자유롭고 행복과 평안으로 가득차 있으면서도 동시에 관심과 조심성이 있었지요. 본질적 사랑은 이 모든 것에 중요한 요소입니다. 저는 우리가 이런 사랑을 우리 안에서 발견하고 다른 사람과 공유할 수 있길 염원합니다.

골먼의 증명

린포체의 지도로 진행되는 명상 수련회에 참석해 유익한 한 주를 보냈던 때의 일입니다. 수련하면서 린포체의 표현대로 마음이 계속 편안하고 '이유 없이 행복한' 기분이 들었습니다. 그 상태 그대로 충만했고 다른 어떤 것도 필요하지 않았죠. 무슨 일이 일어나든 모두 딱 들어맞는 느낌이었습니다.

린포체는 그날 저희 집에 방문하기로 돼 있어서 수련회 장소에서 몇 시간 떨어진 집까지 저희 부부와 함께 차를 타고 이동했습니다.

"기분이 정말 너무 좋아요." 제가 린포체에게 말했습니다. "이제는 행복이 뭔지 알겠어요."

"본질적 사랑의 표시인 다 괜찮음과 연결돼 있군요." 그가 대답했습니다.

"이 기분이 영원히 계속됐으면 좋겠어요." 제가 말했죠.

"내면에 자리한 그 장소를 계속 찾을 수만 있다면 그 상태가 유지될 겁니다." 그가 말했습니다.

하지만 집에 도착하자 그날의 할 일 목록, 전화, 이메일, 꼭 해야 하는 다른 많은 일에 휘말려 다 괜찮은 감각이 서서히 사라졌습니다. 산더미같이 쌓인 할 일, 생각할 일, 고민할 일로 뒤덮여버렸죠.

행복에는 두 종류가 있습니다. 첫 번째 행복은 린포체가 설명한 것처럼 그날 무슨 일이 일어났는지에 좌우됩니다.

내면 해독

좋은 일이 일어나면 기분이 '업'되지만 일이 잘 안 풀리면 나쁜 기분에 빠져들 수 있습니다. 명상 수련회를 통해 제가 얻은 고조된 행복이 차츰 사라진 것도 감정의 시소 타기 때문이었습니다.

두 번째 행복은 한층 안정적이며 우리 안에서 나와 무슨 일이 일어나든 거기 머뭅니다. 이것이 바로 린포체가 말하는 본질적 사랑입니다. 특별한 이유 없이 늘 행복하므로 기분이 좋아지려고 외부의 뭔가에 의존할 필요가 없습니다. 실망, 좌절, 차질을 비롯해 그 어떤 일이 생기더라도 꾸준히 밝고 긍정적인 상태가 유지됩니다.

어떤 의미에서 심리학 이론은 자전적이라고도 볼 수 있습니다. 심리학자는 연구 초점을 어느 정도는 자신의 경험을 토대로 직감하거든요. 그동안 심리학계에서 무슨 일이 일어나든 긍정적인 기분을 유지하는 일에 할 말이 거의 없었던 부분적인 이유도 여기 있을지 모릅니다. 아마도 심리학자에게는 이런 경험이 낯설겠죠. 그래서 무슨 일이 일어나든 평정심이 유지되는 상태는 인간 경험의 구조도에서 빠져 있습니다. 그 대신 심리학의 초점은 극도의 불안과 우울 같은 병적 증상에 크게 치우쳐 있었죠.

심리학은 최근에서야 린포체가 다 괜찮음이라고 부르는

것과 유사한 특성에 주목하기 시작했습니다. 더 긍정적인 감정으로의 연구 초점 이동은 긍정심리학 운동에 대한 급격한 관심과 함께 시작됐습니다. 심리학은 경외, 감사, 연민을 비롯해 인간 경험의 긍정적 측면으로 시선을 옮겼죠.

이런 새로운 초점은 '본질적 행복'처럼 본질적 사랑과 비슷한 특성을 강조하거나 '번영하다'의 의미로 번역되기도 하는 '에우다이모니아(eudaimonia)'라는 그리스어를 빌리기도 했습니다. 이 다양한 행복은 내면에서 비롯되며 우리 삶의 사건에 거의 영향을 받지 않는 것으로 보입니다.

심리학에서 '다 괜찮음'과 가장 가까운 영역은 행복과 안녕이라는 의미로 해석되는 '웰빙'이라는 새로운 분야 그리고 이런 긍정적 내면 상태를 함양할 수 있다는(즉, 웰빙은 기술이라는) 인식과 과학적 검증일 겁니다. 저의 오랜 친구 데이비드슨은 저명한 신경과학자이자 린포체의 동생인 밍규르 린포체(Mingyur Rinpoche)의 제자입니다. 그는 위스콘신대학교에서 웰빙을 주제로 연구를 진행하며 웰빙에 이르는 데 도움이 되는 무료 애플리케이션을 개발해 이를 널리 알리는 연구 팀을 이끌고 있습니다.

이 연구의 바탕이 되는 핵심 원리에 따르면 웰빙, 즉 내적 평안함과 행복은 충분히 기를 수 있습니다. 뇌과학 이론의 전반은 주어진 루틴을 더 많이 연습할수록 그와 관련된 뇌의 회로가 더 강력해진다는 '신경가소성(neuroplasticity)'을 바탕으로 합니다. 이 말이 맞는다면 데이비드슨이 설명하듯 웰빙은 우리가 연습하고 숙달할 수 있는 기술이 됩니다. 골프 스윙 연습처럼 명상을 연습할 수 있다는 뜻이죠.

린포체의 "잠깐씩, 여러 번"이라는 조언은 이런 수련을 규칙적으로 해야 한다는 점을 일깨웁니다. 규칙적으로 수련하면 그 상태를 더 자연스럽게 더 자주 경험할 겁니다. 사실 명상을 뜻하는 티베트어 '곰(gom)'은 '익숙해지다'라는 의미입니다. 다시 말해 우리가 본질적 사랑과 더 많이 연결될 수 있고 그래서 우리가 다 괜찮음의 감각에 더 익숙해지면 그만큼 더 쉽게 본질적 사랑에 접근할 수 있다는 것이지요.

데이비드슨이 이끄는 연구 팀은 웰빙의 핵심 요소가 전전두피질의 핵심 영역 활동에 달려 있다고 말합니다. 전전두피질은 눈 바로 위, 이마 뒤쪽에 자리한 부분으로 뇌의 집행기능을 담당합니다. 이 구역에서 수렴되는 뇌 회로는 자기인식을 촉진합니다. 즉, 본인의 생각과 느낌을 더 잘 관찰하고 관심이 흐트러졌을 때 더 잘 알아차린다는 뜻으로 이는 지금 일어나는 일로 의식의 초점을 돌리는 데 가장 중요합니다.

하버드대학교 연구와 그 밖의 연구에서는 우리 마음이 산만해질수록 기분이 나빠진다는 사실이 밝혀졌습니다. 예를 들어 사람들이 휴대폰으로 나쁜 뉴스를 들여다보면서 시간을 더 많이 보낼수록 우울증이 나타날 가능성이 더 커집니다. 한편 데이비드슨 연구 팀은 우리 내면과 주위에서 일어나는 일을 의식하는 능력이 웰빙을 더 강렬하게 느끼는 것과 관련 있다는 사실을 발견했습니다. 이는 긍정심리학에서 보고한 연구 결과, 즉 경험을 성찰하는 능력이 더 행복한 기분을 느끼는 데 도움이 된다는 사실과도 일치합니다.

감정 습관에 대한 솔직한 호기심과 그에 수반된 생각도 웰빙을 느끼는 데 도움이 됩니다. 악수 연습에서 수용의 자세로 아름다운 괴물이 오가는 것을 목격한 때처럼 말이죠.

이런 부분의 웰빙에 가장 중요한 뇌 회로는 전전두피질에 집중돼 있습니다. 예를 들어 생각을 의식하는 것은 측부 회로와 관련 있고 감정 상태를 조절하는 능력은 편도체(위험을 감지하고 분노와 두려움 같은 감정을 촉발하는 영역)와 접속하는 전전두엽(prefrontal region) 회로의 연결이 얼마나 강력한지에 영향을 받습니다.

많은 명상법이 이런 뇌의 변화를 촉진하는 것으로 보입

내면 해독

니다. 특히 우리가 악수 연습의 핵심인 수용의 자세로 마음을 바라보면 스트레스의 생물학적 징후가 감소하는 것을 비롯해 생물학 차원에서 얻는 이익이 매우 크다고 나타났습니다.

데이비드슨과 웰빙에 관해 대화하면서 흐트러진 마음을 빠르게 회복하는 능력인 회복탄력성(resilience)에 관해 그의 연구 팀이 진행한 연구 이야기를 들었습니다. 선천적으로 회복이 다소 느린 사람도 있지만 데이비드슨도 지적하듯이 그런 마음에서 더 쉽게 회복하는 법은 우리 모두 배울 수 있습니다.

흐트러진 마음과 스트레스에 따른 생물학적 변화에서 빨리 회복되는 것은 악수하기 같은 연습법이 정서 반응에 도움을 주는 세 가지 방식 중 하나입니다. 다른 하나는 우리가 얼마나 쉽게 화를 내는지와 관련 있습니다. 어떤 사람은 날마다 속상하고 불안한 사건이 가득하다고 느끼는 반면, 어떤 사람은 똑같은 방해 요인에 거의 혹은 전혀 반응하지 않죠. 삶을 대하는 이런 자세 역시 올바른 연습으로 개선할 수 있습니다.

정서적 반응 방식의 세 번째 측면은 우리 마음이 얼마나 심하게 흐트러지는지에 달려 있습니다. 다시 말하지만 어떤 사람은 감정 자극에 더 높은 수준의 괴로움과 생리적 불편함을 느끼는데 반응이 덜 민감한 사람은 일어난 사건을 엄청난 곤경이 아니라 곧 지나갈 일시적 문제로 받아들입니다.

앞에서 살펴봤듯 악수하기는 감정 자극과 그 결과인 흐트러진 마음에 대처할 유용한 방법입니다. 그리고 더욱 흔들림 없는 상태, 즉 다 괜찮음에 이르는 길을 열어주죠.

데이비드슨 연구 팀은 웰빙의 특징인 다른 중요한 요소도 발견했습니다. 하나는 감정과 그 원인을 판단하기보다 수용의 자세로 자아탐구를 하는 데서 비롯됩니다. 이는 물론 악수하기와도 일맥상통합니다. 뇌 연구에 따르면 이 과정은 집행기능을 담당하는 전전두피질 부위(불안한 감정을 조절하는 데 사용하는 것과 같은) 그리고 '건설적 자아탐구'를 하는 동안의 신경망을 활성화해 결과적으로 웰빙 감각을 불러일으킵니다.

악수 연습과 꽤 비슷한 웰빙의 또 다른 특징은 통찰(insight)이라고 불리는 특성입니다. 아침에 잠에서 깬 순간부터 밤에 잠이 드는 순간까지 머릿속에서 떠들어대는 목소리를 인식하는 거죠. 어떤 때는 그 목소리가 격려의 말을 해줘 삶에 대한 열정과 활기가 더 높아진 기분이 듭니다. 즉, 긍정적 기분을 북돋워줍니다.

하지만 바로 그 목소리가 우리가 하는 말, 행동, 생각에 판단의 잣대를 들이대며 우리를 심하게 비난할 수도 있습니다. 이럴 때 그런 생각이 자유로이 왔다 갔다 하도록 내버려둘 수 있는 안정된 장소를 마음속에서 찾으면 도움이 됩니다. 악수 연습에서 활용하는 것과 비슷한 방법이죠. 그런 부정적인 생각이 잦아들면 웰빙 감각이 활짝 피어납니다.

연구에 따르면 자신을 연민과 수용의 태도로 대할 때 불안한 마음을 더 잘 다스려지는 것부터 미묘한 사회적 신호를 포착하는 등의 공감 능력을 키우는 등의 웰빙 감각이 강화됩니다. 이와 대조적으로 자신의 생각과 느낌을 너무 엄격하고 비판적인 태도로 바라보면 우울과 불안을 조장하죠.

뇌 활동에서 긍정적 행복감의 이런 측면은 전전두피질에서 집행기능을 담당하는 부위와 '디폴트 모드 네트워크(default mode network)'로 알려진 회로의 연결이 강화되는 것과 관련 있어 보입니다. 참고로 디폴트 모드 네트워크는 공상에 잠겼을 때(즉, 더 건설적으로 생각하기보다 혼란한 생각을 두고 두고 곱씹는 심리 상태에서) 더 많이 활성화하는 뇌 영역입니다.

본질적 사랑과 다 괜찮음의 전형적 특징 중에는 우울증과 불안 같은 정서적 문제 발생 가능성을 감소하는 것 외에 기쁨과 활기의 '불꽃'도 있습니다. 이런 긍정적 효과는 내면 상태에 진정한 차이를 만듭니다.

본질적 사랑과 연결되면서 얻는 다 괜찮음의 느낌은 진정한 의미에서 그 자체로 보상이지만 그 밖에 신체적, 정신적 건강에도 여러모로 도움이 됩니다. 이를테면 행복 수준이 높은 사람은 스트레스를 더 잘 극복하고 속상해하다가도 더 빨리 회복하죠.

스트레스 회복력 외에도 건강상 이점도 여러 가지 있습니다. 심장질환 발병 위험이 감소하고 관절염, 당뇨, 천식 같은 스트레스성 염증으로 악화하는 여러 질병에도 더 강해집니다. 그뿐 아니라 중증 만성 불안과 우울증 같은 정서적 문제, 더 나아가 식이장애와 중증 정신장애 같은 정신적 문제에 대한 저항력이 높아지며 주의산만함이 감소하고(앞서 살펴봤듯 산만한 정신 상태는 그 자체로 부정적 감정을 증가시킵니다) 집중력이 높아진다는 점이 관련 연구로 강력히 뒷받침되고 있습니다. 또 다른 보너스는 바로 집중력이 향상되면 학습 효과가 높아진다는 점이죠. 이는 시험 점수로 입증됩니다.

요컨대 본질적 사랑을 키우는 과정은 악수 연습을 바탕으로 하며 이런 자기수용 자세를 활용해 다 괜찮음의 본질적 불꽃에 접근해야 합니다. 다 괜찮음은 우리가 타고난 감정세계의 본거지입니다. 본질적 사랑은 본연의 행복을 인식하고 회복하고 더 키워 각자의 생각과 자기판단의 감옥을 피할 수 있게 해줍니다. 본질적 사랑을 키우는 일은 그저 말로 스스로를 칭찬하는 수준에 그치는 자기계발 접근법과 달리 생각과 감정의 기복 속에서 기본적인 행복의 질을 높일 방법을 제시합니다. 그리고 다 괜찮음이 자리한 내면과 연결될 수 있게 해주죠.

다음 장에서 살펴보겠지만 본질적 사랑은 타인에게 연민을 품는 데 꼭 필요한 자기 자신에 대한 연민도 강화합니다.

5장

연민으로 세상을 바라보기
내 안의 분노를 잠재우는 법

린포체의 가르침

최근 "사랑은 어떻게 배우셨나요?"라는 질문을 받은 적이 있습니다.

제가 스승(할아버지 그리고 그동안 만난 뛰어난 대가들)에게 배운 사랑은 '평범한' 사랑과는 전혀 달랐습니다. 사랑과 연민의 기본적인 특성이 있긴 했지만, 더 큰 솔직함과 포용성이 있었고 판단은 없었지요. 스승들은 "사랑한다", "너 정말 대단하구나", "참 훌륭하다" 같은 말은 절대 하지 않으셨습니다. 하지만 제게 최고의 선물을 주셨지요. 바로 포용하고 열어주고 배려하는 마음이었습니다. 저는 스승들과 분리된 느낌은 전혀 느끼지 못했습니다. 어째선지 스승의 보살핌이 마치 그림자처럼 제가 가는 곳마다 따라다니는 느낌이었습니다.

심지어 제 아버지도 "사랑한다"라는 말을 건네는 법이 없었지요. 그런데 사실 그 말을 들을 필요가 없었습니다. 난감한 바람이나 숨은 의도가 전혀 없는 솔직함도 사랑이니까요. 이는 관심과 보살핌에 더 가깝지요. 판단하지 않는 것 역시 사랑입니다. 사랑은 다른 많은 차원에서 생겨날 수 있습니다. 그저 한 분야에만 집중된 것이 아닙니다. 저는 스승들이 완전히 열린 마음으로 저를 아껴주고 제가 언제든 찾아오기를 기꺼이 바라고 있다고 느꼈습니다. 스승들은 만나뵙기가 아주 쉬웠습니다. 따로 약속을 잡아야 한다거나 제가 적절치 못한 질문을 던지는지도 모른다는 생각은 해본 적이 없었지요. 지금 와서 생각하면 참으로 특별한 혜택이었습니다. 스승들의 관심과 보살핌은 거의 우주와 같았거든요. 애정에 매인 사랑처럼 조건적 감정이 아니었지요. 우주는 모든 현상에 대한 진정한 사랑입니다. 우주에 이 포용성이 없다면 그 어떤 현상도 나타나지 못했을 것입니다.

저는 사실 서양으로 건너와서야 범위가 더 좁고 집중된 유형의 사랑을 배웠습니다. 그런 사랑은 조건적이지요. 조건적 사랑도 사랑이지만 아주 강렬합니다. 부모의 사랑과 연인의 사랑은 기쁨과 고통이 공존하는 강렬한 느낌으로 가득하지요.

누구든 사랑과 연민에 관해 이야기하기를 좋아합니다. 사랑과 연민은 명상과 영적 수행에서 어느 정도는 가장 쉽고도 자연스러운 주제에 속하니까요. 사랑은 철학, 교리, 전통의 모든 차이를 초월합니다. 또 사랑은 서로 다른 신념, 세속적 세계와 종교적 세계의 접점이 될 수 있습니다. 불교에서는 지각 있는 모든 존재가 사랑과 연민을 타고난다고 본다는 점도 주목하고 갈 만합니다. 이런 면에서 인간의 진정한 본성은 사랑과 연민이라고까지 말할 수 있지요. 그런데 우리가 타고난 이런 품성은 계획적으로 키우고 발전시킬 수도 있습니다. 뭔가가 피어나도록 자극하고 성장시키고 확장하는 것과 마찬가지죠.

따라서 사랑과 연민을 키우는 일은 타고난 능력을 인정하는 것과 그 능력을 키울 다양한 방법을 장려하는 것 사이의 줄타기가 되며 여기에는 에고에 관해 생각하고 에고가 사랑과 연민을 어떻게 방해하거나 오염할 수 있는지 살펴보는 일도 포함됩니다. 제 전통에서는 보리심(菩提心,

bodhicitta)이라고 불리는 개념을 중요하게 생각합니다. 보리심은 치우침 없는 광대한 이타심이라고 설명할 수 있습니다. 이는 동기부여의 최고 기준, 즉 모두가 갈망하는 가장 훌륭한 의도지요. 그러나 치우침 없는 이타심이 꽃피기 전에는 사랑과 연민의 씨를 심고 열심히 키워야 합니다.

근원적 본성

우리 본성의 핵심인 사랑과 연민은 덧문이 달린 집 안에 있는 태양에 비유할 수 있습니다. 태양은 늘 빛나고 자연의 온기를 발산하지만 태양이 담긴 집의 덧문은 꽉 닫혀 있습니다. 덧문은 자기중심성, 에고 집착, 극단적 애착, 편견, 혐오 같은 일종의 엄폐(掩蔽, 천체의 빛이 행성이나 위성과 같은 다른 천체에 가려지는 것_옮긴이)를 상징합니다. 문과 창문에 달린 덧문은 태양의 빛과 온기 대부분을 가로막지만 완전히 차단하지는 않습니다. 빛줄기와 약간의 온기가 좁은 틈으로 새어 나가지요. 이 빛줄기가 현재 우리가 가진 사랑과 연민입니다. 가족과 친구, 반려동물에 대한 애정과 연인에 대한 사랑의 감정 같은 것이지요. 수련의 일부는 타고난 속성인 사랑과 연민의 본성을 이해하고 신뢰하는 과정이며 일부는 태양을 가린 덧문을 치워 본연의 사랑이 모든 존재에 자유롭게 방출될 수 있게 하는 과정입니다.

사랑과 연민의 본질을 더 깊이 탐구하기 전에 본질적 사랑의 개념을 다시 짚고 넘어가려고 합니다. 앞 장에서 본질적 사랑은 본질적 행복, 타고난 다 괜찮음이며 흔히 스트레스, 자기판단, 다양한 감정 장애물에 의해 겹겹이 가려져 있는 상태임을 논의했습니다. 또 본질적 사랑은 건강한 표현적 사랑의 토대 혹은 씨앗이라는 점도 살펴봤지요. 연민을 표현하고 연습하는 건강한 방법은 이런 본질적 사랑을 바탕으로 합니다.

본질적 사랑은 연민의 부작용, 즉 타인의 고통에 우울함을 느끼거나 가해자에게 증오심을 품는 등의 결과를 최소화하거나 줄이는 데 도움이 됩니다. 고통을 확인하는 경험은 내면을 공허하게 해 우울감을 불러일으키기도 하는데 이럴 때 본질적 사랑이 있으면 증오의 공허함이나 파괴적 에너지에 빠지지 않으면서 공감과 연민을 행동과 사랑으로 돌릴 수 있습니다. 본질적 사랑이 없으면 소유욕이나 집착이 강해질 수 있으며 건강하지 못한 상호의존적 관계에 반복해 휘말리기도 합니다. 기본적으로 본연의 사랑과 연민은 매우 모호하고 제한된 방식으로 표출됩니다. 편견을 갖거나 큰 혼란을 느낄 수도 있지요. 본질적 사랑으로 내면이 건강하고 안정되면 마음의 앙금이나 부정적인 경험, 상처의 트리거가 유발되는 일이 줄어 사랑과 연민이 자연스럽게 드러납니다.

여기서 우리의 주요 목표는 심적으로 가까운 사람뿐 아니라 적에게도 사랑과 연민을 품는 것입니다. 그런 경지에 이르려면 먼저 본질적 사랑의 토대가 필요합니다. 그렇지 않으면 진정한 연민은 불안정한 기반 위에 있게 됩니다. 예를 들어 특정한 종의 강아지를 편애하는 경우처럼 습관성 패턴이 사랑과 연민을 키울 수도 있지만 이는 편향된 사랑입니다. 본질적 사랑의 근본적인 온기가 없으면 우리 감정과 자극은 편향된 사랑과 연민으로 바뀝니다. 본질적 사랑이 건강한 사랑과 연민의 바탕으로써 그토록 중요한 이유가 바로 여기에 있습니다.

요컨대 건강한 사랑에는 본질적 사랑이라는 토대가 있지만 건강하지 않은 사랑은 그렇지 않습니다. 이는 민감한 문제입니다. '건강하지 않은' 사랑과 연민을 품는 사람을 비난하려는 것은 아닙니다. 그저 잠재력을 표현하기 위해 우리 모두가 분투하는 방식을 짚고 싶은 것입니다. 애착, 질투, 소유욕이 사랑과 연민을 중심으로 소용돌이치는 경우가 많기 때문에 우리 모두는 혼합된 감정을 마주하게 되지요.

현재 사랑을 경험하고 있으면서도 이 사랑이 건강한지 아닌지 잘 모를 때도 있습니다. 마음챙김을 활용하면 현재 상황과 사랑의 감정을 인식할 수 있습니다. 예를 들어 누군가에게 연애감정을 느낀다고 합시다. 당신은 흥분, 가능성, 환상, 상대가 만나는 다른 누군가에 대한 가벼운 질투 등이 뒤섞인 감정에 휩싸입니다. 그럴 때는 의식을 그 상대에게서 내 감정세계로 되돌리고 내면의 감정을 의식하려고 노력하세요. 그리고 본질적 사랑과 다시 연결하고 다 괜찮은 느낌에 집중합니다. 그런 다음 다시 사랑의 느낌을 확인하세요.

편견이 있었나요, 없었나요? 분노가 있었나요, 없었나요? 본질적 사랑과 연결됐다면 편견과 분노가 훨씬 줄어들 것입니다. 물론 사랑에는 정상 범위 내의 애착과 질투가 약간은 개입합니다. 하지만 그게 지나치게 커질 수도 있습니다. 너무 커졌다는 느낌이 들면 본질적 사랑으로 되돌아가 거기서 감정을 다시 느껴보세요. 본질적 사랑이 있으면 균형을 잃지 않을 것입니다. 애착과 질투가 통제하기 힘든 수준으로 커지지 않지요. 이것은 큰 차이입니다.

본질적 사랑과 연결되면 마음이 진정되고 안심됩니다. 극단으로 치닫지 않게 해주는 지성도 작용하지요. 예를 들어

제가 약혼녀에게 사랑하는 마음을 느끼고 있다고 가정합시다. 그런데 어떤 다른 남자가 제 약혼녀를 쳐다봅니다. 이때 저는 질투하고 분노할 수도 있겠지요. 그러나 만약 제게 본질적 사랑이 있으면 한편으로는 어느 정도 안도감을 느낍니다. 그러면 스스로에게 이렇게 말할 수 있습니다. '그래, 내가 질투를 느끼는구나. 그래도 괜찮아. 다른 사람이 쳐다볼 수도 있지. 별일 아니야.' 이것이 본질적 사랑과 자신의 불안감이 나누는 대화입니다.

불교의 뿌리는 우리 자신과 타인이 행복과 평안을 누리기를 바라는 마음입니다. 우리는 모든 사람이 행복을 느끼고 똑같은 기회를 얻기를 바랍니다. 그래서 모든 인간은 기본적으로 다 똑같다는 다양한 근거를 교육받으며 행복을 추구하고 고통을 원하지 않는다는 점에서 우리는 모두 공평하다고 배웁니다. 전통적으로 이런 식의 사고를 로종(lojong)이라고 부르는데 이는 '마음수련(mind-training)'이라는 뜻입니다. 달라이 라마는 로종의 적극적 지지자입니다. 자애를 가르치는 위대한 스승이자 저의 오랜 친구인 샤론 살스버그(Sharon Salzberg)도 그렇습니다.

행복을 분류하는 방식이 여러 가지고 사람에 따라 그것을 다르게 느끼더라도 우리가 '윤리적'이라고 칭할 수 있는 공통된 행복에 대한 개념이 몇 가지 있습니다. 남에게 해를 주지 않는 행복과 웰빙이지요. 윤리적 행복은 내적 평안과 행복과 가깝습니다. 안타깝게도 사람에 따라 윤리적 행복의 기회가 더 많을 수도, 더 적을 수도 있습니다. 즉, 어떤 사람은 고통을 더 많이 경험하고, 어떤 사람은 행복을 더 많이 경험합니다. 자애란 똑같이 행복하고 번성할 권리가 있는데도 그러한 기회를 더 적게 얻은 사람에게 사랑을 느끼는 것입니다. 그리고 사랑은 그들이 행복의 열매를 맺기를 염원하는 것이지요.

표현적 사랑의 정도

사랑은 복잡한 주제이며 단어 자체에도 많은 의미가 있습니다. 티베트 전통에는 보통 자애, 자비, 호의로 번역되는 메타(metta, 산스크리트어로는 Maitri)라는 단어가 있지요. 이 정의는 사랑을 소유하는 사랑과 구별하는 데 도움이 됩니다. 또 영어의 관심(care), 애정(affection)과 비슷한 다른 단어도 있습니다.

저는 사랑을 다층 현상으로 살펴보길 좋아합니다. 본질적 사랑은 토대고 흙이지요. 본질적 사랑을 토대로 관계와 영적 실천 속에서 다양한 표현적 사랑이 싹트고 꽃핍니다. 예를 들어 부모의 사랑, 형제자매의 사랑, 연인 간의 사랑, 친구 간의 사랑, 헌신적인 사랑, 연민이 담긴 사랑 등이 있을 수 있습니다. 본질적 사랑은 말하자면 사랑의 눈이고 표현적 사랑은 몸, 팔, 다리입니다. 혹은 본질적 사랑은 역량이거나 근원적 온기이고 표현적 사랑은 행동이거나 실제로 눈에 보이는 불꽃의 색과 모양입니다.

건강한 방식의 표현적 사랑은 삶을 의미 깊고 즐겁게 만들며 힘들 때 버텨낼 수 있게 도와줍니다. 이런 형태의 사랑은 흔히 애착과 결부되지만 그게 정상입니다. 사람들은 애착을 초월한 사랑, 편견 없는 사랑과 연민의 깊고 품위 있는 특성을 상상할 수도 있습니다. 이 말은 우리가 사랑과 연민의 감정을 가족, 친구, '내 사람', 피해자 같은 특정한 사람이나 집단으로 국한하지 않는다는 뜻이지요. 우리는 적, 낯선 사람, 가해자를 포함한 모든 사람에게 사랑과 연민을 느낄 수 있습니다. 어려운 열망이지만 수련으로 갈고닦을 수 있는 자질이지요. 그런 편견 없는 사랑과 연민이 보리심, 즉 광대하고 보편적인 이타심입니다.

사랑은 감정이나 이성에 기초해 생겨날 수 있고 이 두 가지 모두가 중요하며 둘 다 양성할 수 있습니다. 편견 없는 사랑과 연민을 향해 가기 위해서는 두 가지 모두 필요합니다. 감정이 없으면 순수한 이성은 온기와 다정함이 부족해 메마를 수 있습니다. 우리가 하는 말과 연결된 감정이 없으면 우리는 애정 어린 어구와 소망을 단순히 반복하는 기계가 돼버립니다. 반면 생각과 이성 없는 순수한 감정은 제한적이고 반응적일 수 있습니다. 감정은 습관성 패턴에서 유발되는 경우가 흔하기 때문입니다. 이성은 사랑과 연민을 고양해 감정에 뿌리를 둔 사랑과 연민을 한층 방대한 사랑과 연민으로 바꿔놓습니다. 예를 들면 사람들은 반려동물에게 애정을 느낍니다. 아름답지만 그 대상이 단 하나의 존재로 제한된 사랑이지요. 우리는 수련을 통해 더 많은 존재가 포함된 사랑으로 확장하기 위한 기반으로 애정을 활용할 수 있습니다. '내가 우리 고양이에게 느끼는 것과 똑같은 애정을 이 세상 모든 존재가 받을 자격이 왜 없겠어? 모든 존재에게 그럴 자격이 있어!' 우리는 애정을 북돋워 점점 더 많은 연민으로 마음을 채울 수 있습니다.

사랑과 연민을 가로막는 장애물

사랑과 연민을 가로막는 감정적 장애물은 많지만 애착, 무관심, 혐오 세 가지로 압축할 수 있습니다. 이 중 사랑과 흔히 결부되는 애착은 다루기가 특히 까다롭습니다. 현대 심리학에서 이 단어를 긍정적 특성을 묘사하는 데 사용하기 때문에 사람들의 혼동을 부를 수 있습니다. 이를테면 안정애착(secure attachment)은 유아기와 아동기의 중요한 발달지표입니다. 불교에서도 주로 가족들로 이뤄지는 1차 관계에서 안전감과 안정감을 느끼는 것이 아이에게(그리고 모든 사람에게) 매우 중요하다는 데 동의합니다. 하지만 우리는 애착이라는 용어를 보통 다른 의미로 사용합니다. '네가 내 것이어서 너를 사랑한다', '네가 나를 행복하게 해주기 때문에 너를 사랑한다'는 식의 제한적이고 불편한 패턴이나 건전하지 못한 극단적 통제 양상을 가리키는 것입니다.

이런 혼동이 자주 생기는 이유는 훌륭한 불교인이라면 '무심해야(detached)' 한다고 여겨지기 때문입니다. 그런데 이때의 무심함을 아무 감각이 없는 일종의 무관심이라고 생각해 타인에게는 관심 자체를 두지 않는 사람을 뜻한다고 오해하기 쉽습니다. 하지만 저는 이것이 큰 오해라고 봅니다. 완전하고 균형 잡힌 불교 수행은 타인에게도 더 많은 관심을 갖고 그들을 배려하도록 이끄는 방향이어야 하기 때문입니다. 가족이나 친구 같은 협소한 관심이 아닌 모든 사람을 향한 관심 말입니다. 우리는 고난을 들여다볼 큰 용기를 키우고 그 누구에게든 마음을 열 수 있습니다. 그러니 불교의 가르침을 정확히 이해해 그런 무관심과 무심함이 일종의 영적 능력이나 성취의 징후라고 생각하지 않도록 합시다. 그건 사실이 아니니까요. 그것은 당신이 무감각하고 냉담하며 아름다운 괴물과 아직 악수하지 못했음을 의미합니다. 당신은 자신의 오해를 변명으로 이용하고 있을지 모릅니다. 부디 그러지 마세요.

그래도 사랑과 연민이 애착과 뒤섞여 있다는 점에 너무 실망할 필요는 없습니다. 완전히 정상이니까요. 다만 알아둬야 할 것이 있습니다. 만약 누군가 모르고 사랑하는 반려동물의 발가락을 밟는다면 그 사람을 한 대 때리거나 소리치고 싶은 기분이 들지도 모릅니다. 우리는 일반적으로 우리를 사랑해주고 다정하게 대하고 도와주고 기분 좋게 해주는 대상을 사랑합니다. 그런데 애착은 사랑과 연민을 한쪽으로 치우치게 하고 선호와 편견으로 바꿔놓기도 합니다. '나는 이런 사람을 사랑해. 하지만 저런 사람은 싫어', '이 사람에게 연민이 느껴진다. 하지만 저 사람에게는 아니야' 같은 감정은 정상이지만 제한된 감정이지요. 우리가 몇몇 존재에게 사랑과 연민을 느낀다는 것은 물론 좋은 일이지만 우리 세계는 여전히 우리가 불쌍히 여기는 사람과 그렇지 않은 사람, 사랑하는 사람과 사랑하지 않는 사람으로 나뉘어 있습니다.

무관심 역시 사랑과 연민의 주요 장애물이지요. 무관심할 때는 낯선 사람이나 안면은 있어도 친분은 별로 없는 사람에게 아무 감정을 느끼지 못합니다. 그들에게 무슨 일이 일어나든 아무 상관 없다고 느끼지요. 그들이 해를 입기를 바라지는 않겠지만 그렇다고 모르는 사람의 일에 관심을 두지도 않습니다. '알지도 못하는 사람 걱정은 고사하고 난 지금 이 복잡한 관계를 관리하는 것만으로도 충분히 벅차!' 하지만 우리와 특별한 인연이 없는 사람도 우리가 잘 알고 관심 갖는 사람만큼 우리의 사랑과 연민을 받을 자격이 있습니다. 이 모든 사람들이 불필요하게 고통받고 있지요.

단순한 혐오 역시 광대한 사랑과 연민을 느끼는 데 가장 큰 방해가 되는 요인 중 하나입니다. 혐오에는 여러 종류가 있습니다. 단순한 불호나 짜증처럼 비교적 가벼운 부류도 있고 분노, 증오, 격노처럼 더 강렬한 부류도 있지요. 이런 감정을 느끼는 데는 물론 여러 이유가 있을 수 있는데 때로는 그것이 제법 정당하게 들리고('그 사람이 제게 해를 끼쳤어요!') 때로는 아무렇게나 둘러대는 것처럼 들립니다('전 그저 목소리가 너무 큰 사람이 싫어요. 헐렁한 옷을 입은 사람도 싫고요'). 우리는 싫어하는 행동, 짜증 나는 행동, 해를 입은 행동을 떠올릴 때 보통 의식적으로든 무의식적으로든 이러한 추측을 합니다. '그 사람, 일부러 그런 거야. 분명히 알고 그랬을 거야. 내게 해를 입히거나 짜증 나게 하고 싶었던 거야.'

하지만 찬찬히 들여다보면 그런 추측은 설득력을 잃고 서서히 무너지기 시작합니다. 우리다 다른 사람들의 행복을 바란다면 그들도 마음속 깊은 곳에서 똑같이 소망한다고 가정해야 타당하지 않을까요? 사람들은 이렇게 말할지 모릅니다. "알겠어요. 그럼 왜 저들은 남을 아프게 하는 그런 어리석은 행동을 했을까요?" 글쎄요, 우리는 왜 우리가 후회할 행동, 남에게 해를 끼치는 행동을 할까요? 의도치 않은 실수였거나 단순한 부주의였을 수도 있지만, 보통은 괴로운 감정에 사로잡혀 우리 몸이나 마음, 내뱉는 말을 일시적으로 통제할 수 없게 되어 그렇습니다. 정확히는 우리가 그런 게 아닙니다. 물론 다른 누군가가 그런 것도 아니지요. 그 일은 괴로운 감정에 사로잡혀 있는 사이에 일어났습니다. 그럼 다른 사람도 다 똑같지 않겠습니까?

짜증, 분노, 증오의 강력한 해독제 중 하나는 우리가 싫어하는 행동을 하거나 우리에게 해를 끼치는 사람이 괴로움에 사로잡혀 있다고 생각하는 것입니다. 그래서 사실 정확히 말하면 잘못은 그 사람이 아니라 괴로운 감정에 있는 것이지요. 하지만 우리는 그 전체를 하나로 뭉뚱그립니다. 게다가 편견과 저항이 그 상황에 뒤섞여 우리가 반응하고 느끼는 방식에 큰 영향을 미칩니다. 만약 우리가 이미 누군가에 대해 약간의 저항이나 불만을 품고 있다면 그 위에 작은 요소 하나만 보태져도 금세 상처받고 반응할지 모릅니다. 그 사람, 그의 감정, 그의 행동과 말이 모두 한 덩어리인 것처럼 받아들이면 우리가 마치 상처투성이의 커다란 성난 덩어리가 된 듯 느껴지니까요!

하지만 사실 그 사람, 그의 감정, 그의 행동, 그의 본성은 모두 다른 차원입니다. 우리가 때로 괴로운 감정에 휩싸여 다른 사람에게 해가 되는 후회스러운 행동을 하듯이 그 사람도 마찬가지입니다. 괴로움에 휩싸인 사람은 동정받을 만하지요. 우리는 아이들 문제라면 일반적으로 이런 점을 잘 이해하고 납득합니다. 즉, 아이가 감정이 격해져 자제력을 잃으면 보통 그 아이를 아이의 감정이나 행동과 분리해 생각할 수 있습니다. 하지만 어른이 자제력을 잃으면 미처 그러지 못하고 그가 자기감정에 책임을 더 잘 져야 했다고 생각하지요.

내면 해독

우리가 부정적 상황에 연루된 모든 사람(피해자, 가해자, 방관자)에게 연민을 느낄 수 있는 정도에 이르면 내면에 엄청난 힘이 생길 것입니다. 모두에게 연민을 느끼는 것이 분별력을 잃고 옳고 그름을 인식하지 못함을 의미하는 것은 아닙니다. 선행과 악행을 분별해야 합니다. 지나칠 정도로 소극적이 되어 보호가 필요한 사람을 보호하지 않음을 의미하지도 않습니다. 개입하는 것이 옳으면 개입해 보호해야하고 학대나 폭력에서 우리 자신을 지켜야 한다면 나서서지켜야 합니다. 하지만 그러면서도 관련된 모든 사람에게 연민을 느낄 수 있게 됩니다. 증오나 복수 같은 부정적 감정을 주어진 상황에 개입시키지 않는 능력이지요. 싫고 짜증나는 사람과 자신에게 해를 끼친 사람에 대한 연민을 기르는 것은 완전한 변화를 위한 아주 강력한 힘이 됩니다.

사랑과 연민의 차이

사랑과 연민은 매우 비슷하며 양쪽 모두 우리에게 필요합니다. 사랑은 연민보다 쉽습니다. 연민은 고통으로부터 보호할 용기가 있어야 하는 데 반해 사랑은 선(善)에 초점을 맞추기 때문입니다. 사랑은 남이 잘되기를 기원하고 번성하기를, 웰빙, 기쁨, 건강, 성공, 미덕을 이룰 수 있기를 희망하지요. 이 모두는 바람직하고 훌륭합니다.

반면 연민은 이 세상에 널리 퍼진 고통에 초점을 맞추고 자신과 타인이 이를 덜 수 있기를 기원합니다. 연민은 안전에 주목합니다. 신체적, 정신적, 감정적, 사회적, 영적인 것을 포함한 모든 종류의 고통을 보지요. 노년, 질병, 죽음도 기꺼이 바라봅니다. 두려움, 불안, 우울, 외로움 같은 것도 봅니다. 연민은 우리가 지닌 가장 아름답고 심오한 능력 중 하나입니다. 어떻게 보면 연민은 아주 단순합니다. 직접적으로나 간접적으로 고통을 마주하고 고통을 덜어주고 싶은 충동을 느끼는 것이니까요.

그러나 연민의 마음을 기르는 것은 쉽지 않은 일일 수도 있습니다. 세상의 고통을 보면서 거의 견딜 수 없을 것 같은 기분에 이르기도 하니까요. 상황에 압도당해 도저히 감당하지 못할 것 같다고 느낄지 모릅니다. 고통을 보면서 우리 내면의 상처와 아름다운 괴물이 자극돼 마음이 무거워지고 우울한 느낌마저 들기도 합니다. 고통과 괴로움에 반복적으로 노출되면 그런 상황이 우리를 계속 끌어내릴 수도 있습니다. 이는 간호사, 의사, 치료사, 사회복지사를 비롯해 남을 돕는 직업을 가진 사람이 극심한 신체적, 정신적 피로를 느끼고 무기력해지는 이유 중 하나기도 합니다. 따라서 연민에 접근할 때는 약간의 이해가 더해져야 균형을 유지할 수 있습니다.

예를 들어 자신에 대한 현실적인 기대가 필요합니다. 모든 것을 다 해야 할 것 같은 기분이 들더라도 뭐가 됐든 자신이 할 수 있는 일을 하면 됩니다. 우리 자신에게든 다른 누구에게든 능력 이상으로 남을 도와야 한다고 기대하는 것은 현명하지 못합니다. 간단히 말해 내가 가진 것보다 더 많이 줄 수는 없습니다. 그렇다고 우리가 가진 능력을 사용하지 않는다면 그건 연민이 아닙니다. 따라서 자신이 할 수 있기를 바라는 것과 실제로 자신이 할 수 있는 일 사이에서 균형감을 찾아야 합니다.

변하지 않는 것은 없다는 일시성(impermanence)을 이해하고 받아들이면 연민에 압도당하고 무기력해지는 상황을 피하는 데 도움이 될 수 있습니다. 아무리 나쁜 상황도 영원히 지속되지는 않습니다. 모든 조건은 다른 뭔가로 바뀌기 마련입니다. 상호의존성(interdependence)을 볼 줄 아는 지혜도 큰 도움이 될 수 있습니다. 모든 것은 원인과 조건의 결과이며 다른 많은 것에 의존합니다. 무슨 일이 일어나든 기본적으로는 원인과 조건이 한데 모여 발생하는 일시적 사건일 뿐이지요. 이를 유념하면 비난과 책임 전가, 피해의식에서 벗어날 수 있습니다.

고통을 기꺼이 감수하기

어떤 때는 진정한 연민에 관해 말하기가 망설여집니다. 연민은 아주 소중한 가치인데 이를 사칭하는 사람이 많기 때문이지요. 제가 가끔 꺼내는 이야기 중 '캘리포니아 연민'이라고 부르는 것이 있습니다. 캘리포니아가 워낙 아름다운 곳이라 그곳에 사는 사람을 장난삼아 예로 드는 것을 좋아하거든요. 이 이야기는 제가 지어냈을 수도, 아닐 수도 있습니다. 어느 날 밤, 캘리포니아에 사는 한 다정하고 영적인 남자가 잠자리에 들 준비를 하고 있었습니다. 그는 향을 피우고 몇 분 동안 '연민 명상'을 한 뒤 유기농 천으로 만든 부드러운 시트가 깔린 침대에 누웠습니다. 다음 날 아침 가뿐하고 좋은 컨디션으로 직장에 출근하고 싶어 잠을 푹 자기로 마음먹었지요. 그런데 그때 전화벨이 울렸습니다. 몸이 너무 안 좋다며 병원까지 좀 데려다줄 수 있느냐는 친구의 전화였습니다. 그는 숨을 깊이 들이쉬었습니다. 한편으로는 그러고 싶었지만 한편으로는 숙면을 취해 아침에 산뜻한 컨디션을 유지하고 싶기도 했거든요. 후자의 욕구가 승리했고 그는 위로하는 어조로 친구에게 사과하며 자신은 부탁을 들어주기 힘들 것 같다고 말하고 병원에 데려다줄 사람을 꼭 찾을 수 있기를, 친구의 몸이 나아지기를 진심으로 기원했습니다.

통화를 마치고 그는 다시 이불 속으로 기어 들어가 잠을 청했습니다. 하지만 계속 죄책감이 들었고 한동안 몸을 뒤척였지요. '친구를 도와줬어야 했는데… 만약 내가 아프더라도 누군가 나를 좀 도와줬으면 좋겠다고 생각할 거야… 지금에라도 친구가 괜찮은지 확인하고 와야 하는 거 아닐까…' 하지만 그는 여전히 옷을 챙겨 입고 한밤중에 차를 몰고 나가 병원의 밝은 불빛을 대면하고 싶지는 않았습니다. 잠시 뒤 죄책감과 갈등의 감정이 너무 강해진 그는 자리에서 일어나 부드러운 유기농 가운을 걸치고 푹신한 명상 방석에 다시 앉았습니다. 숨을 깊이 들이마시고 내쉬며 친구에게 연민과 치유의 에너지를 보냈습니다. 잠시 후 그는 기분이 나아졌고 잠에 들 수 있었지요.

그가 한 호흡 명상과 기도는 연민으로 보일지 모르지만 사실 그의 의도는 잠을 청할 수 있도록 자신의 죄책감을 털어내는 것이었습니다. 그의 동기는 자신의 내적 평안함이었지요. 이것이 제가 '캘리포니아 연민'이라고 부르는 행동입니다.

우리에게는 울타리를 치고 우리 자신을 돌볼 권리가 있습니다. 하지만 그가 한 일을 연민의 행동이라고 불러선 안 됩니다. 이를 진정한 연민의 행동이라고 하는 것은 온당치 않습니다. '자기관리(self-care)'라고 해야 하지요. 그는 자기 자신을 돌본 것입니다. 차이점은 '고통을 기꺼이 감수하기'에 있습니다. 깊은 차원의 연민에는 타인의 이익을 위해 불편과 고통을 기꺼이 감수하려는 의지가 포함됩니다. 여기에는 약간의 용기가 필요하지요. 용기는 사랑과 연민이라는 주제에서 아주 중요한 요소입니다. 우리가 제한된 믿음, 감정 패턴, 두려움을 깨고 나올 수 있게 해주니까요. 주어진 상황에 고통이 뒤따를 수도 있고 아닐 수도 있지만 연민이 있으면 우리는 기꺼이 고통을 감수합니다. 다른 사람의 이익이 우리의 불편함을 피하는 것보다 더 중요해집니다. 이는 특히 어린아이를 둔 대부분의 부모에게서 쉽게 확인할 수 있습니다. 그런데 우리는 이런 태도를 훈련해 우리 안의 연민의 씨앗을 더 강하게 만들 수도 있습니다.

수련

악수 연습에서 우리는 마음과 감정세계를 다시 연결하는 법을 배웠습니다. 그 결과 중 하나는 원활한 의사소통이지요. 이를 바탕으로 본질적 사랑을 치유하고 양성할 수 있습니다. 그런데 사랑과 연민을 발전시키는 데도 악수 연습을 활용할 수 있습니다. 감정세계와의 연결이 굳건하면 우리는 확장된 연민의 사고를 만들어낼 수 있으며 그 생각이 감정세계를 채우게 하고 이를 외부로 발산할 수 있습니다. 생각으로 느낌을 개선하거나 확장할 수도 있지요.

◆ · · ◆ · · ◆

잠시 이렇게 해봅시다: 편안히 앉아 몸과 감정세계에 의식을 집중합니다. 본질적 사랑과 연결되려고 시도해봅니다. 이제 이렇게 생각해 봅니다. '모든 존재가 행복하고 안전하고 번성하고 원하는 것을 얻을 수 있다면 얼마나 멋질까!' 이 생각이 감정세계에 스며들게 한 뒤 열망을 담아 외부의 모든 방향으로 보내봅니다.

· ◆ ·

마음수련

티베트 전통에서는 '마음수련'이라는 의미의 로종 수행을 대단히 소중하게 여깁니다. 두 팔을 걷어붙이고 논리와 추론, 용기와 끈기를 이용해 실제로 에고에 도전하는 연습이지요. 사랑과 연민이 가려지거나 그걸 표현할 때 편견이나 선입견에 빠져드는 주된 이유는 바로 자기중심적이고 시야가 좁은 우리 에고에 있습니다. 여기서의 에고란 '나부터'의 자기준거적 감각으로 자기연민과 자기비하 사이에서 왔다 갔다 하는 평범한 '에고'입니다. 에고는 보통 내게 필요한 것을 소중히 여기고 '남'이라고 여기는 사람보다 '내 것'이라고 여기는 사람과 물건을 앞세우지요. 자기애를 보이는 이런 태도를 흔히 '나, 나의, 내 것'이라는 말로 압축해 드러냅니다. 저는 이것이 '나, 바로 나, 이건 모두 내 문제야…' 하는 내면의 노래를 거의 온종일 흥얼거리는 일이라고 즐겨 상상하지요.

마음수련에는 여러 종류가 있지만 자기애에 대응하는 데 특히 효과적인 세 가지 수련법이 있습니다. 나와 남을 평등하게 보기, 나와 남을 바꿔 생각하기, 나보다 남을 더 소중히 여기기입니다.

나와 남을 평등하게 보기

첫 번째 '나와 남을 평등하게 보기'는 나와 남이 기본적으로 평등하다는 사실을 숙고하는 것입니다. 기억하세요. 행복을 바라고 고통을 원하지 않는다는 점에서 우리는 모두 똑같습니다. 나이가 많든 적든, 부자든 가난하든, 교육을 받았든 받지 않았든 상관없습니다. 성별, 인종, 배경, 성적 선호, 종교, 국적, 민족 등 우리의 모든 차이점은 인간의 본성 앞에서는 동등합니다. 물론 이런 차이가 다른 차원에서는 아주 중요할 수도 있습니다. 그러나 이런 모든 다양한 고유성에도 불구하고 우리 모두는 태어나고 나이를 먹고 병들고 죽음을 맞이한다는, 기본적으로 같은 존재 방식으로 살아갑니다. 이는 삶의 바탕을 이루는 기본 규칙으로 우리는 탄생, 노화, 질병, 죽음에 있어서 모두 형제자매지요.

편안한 자세를 취하고 의식하면서 긴장을 푸는 것으로 시작합니다. 마음 깊은 곳에서 내가 행복해지고 싶고 고통받지 않기를 바란다는 점을 생각합니다. 이제는 남들도 마음 깊은 곳에서 행복해지고 싶고 고통받지 않기를 바란다는 점을 생각합니다. 이런 관점에서 나와 남은 완전히 똑같습니다. 나와 다른 모든 존재가 그러한 본성 앞에서 동등하다는 것을 깊이 인식하면서 겉으로 드러난 모든 차이가 해소됨을 느낍니다. 모든 존재는 행복할 권리가 있다는 사실을 생각합니다. 깊은 관심과 연민이 모든 존재를 향해 샘솟게 하고 그들이 잘되기를 바라면서 이를 외부로 확장합니다.

— · ✦ · —

나와 남을 바꿔 생각하기

두 번째 마음수련은 '나와 남을 바꿔 생각하기'입니다. 남이 경험한 일을 내가 경험한다고 상상하는 것이지요. 나를 그의 입장, 그의 마음, 그의 삶에 놓아봅니다. 그들의 감정, 생각, 어려움을 상상합니다. 남을 더 잘 이해할수록 그의 입장에서 더 많이 생각하게 됩니다. 남이 나쁜 행동을 하더라도 그에게 어떤 문제가 있고 어떤 상황에 놓여 있었는지, 그가 왜 화가 났는지 이해할 수 있습니다. 이 수련법을 잘 수행하면 나는 거의 남과 같아집니다. 그가 처한 상황이 눈에 들어오고 상호의존성이 보이고 그의 상태와 동기를 점점 더 잘 이해하게 됩니다. 남의 상황을 이해할수록 공감과 연민이 더 많이 느껴질 것입니다. 이 마음수련법은 자존심과 질투 같은 감정을 극복하고 줄이는 데도 도움이 됩니다.

어떤 상황에 연민을 느끼지 못하는 것은 그 상황을 제대로 이해하지 못하기 때문인 경우가 많습니다. 나와 남을 바꿔 생각하는 것의 한 가지 단점은 누구를 탓해야 할지 알 수 없게 된다는 점입니다. 대부분의 삶에는 고통이 가득하며 나쁜 짓을 하는 사람이 있는 이유도 그래서지요. 우리는 그들의 행동에 찬성하지 않을 테지만 그들을 싫어할 필요도 없습니다. 그들의 행동에 동의하지 않으면서도 연민을 느낄 수 있습니다. 그들의 행동은 무지에서 비롯되지만 이는 그들이 선택한 것이 아닙니다. 그들의 통제를 벗어난 문제지요. 우리가 이 모든 것을 마음 깊이 받아들이면 진정으로 확고한 분노는 생기지 않습니다. 잠깐의 분노는 일어날 수 있을지언정 지속적인 증오는 생기지 않지요. 대신 모든 해악이 무지에서 왔다고 볼 것입니다.

◆ · · ◆ · · ◆

의식하면서 긴장을 푸는 것으로 시작합니다. 어려운 상황에 놓인 누군가를 떠올립니다. 자신이 그 사람 입장이 됐다고 상상합니다. 어떤 기분이 들지 생각합니다. 어떤 정신적, 감정적, 육체적 어려움이 있을지 상상해봅니다. 깊은 배려와 연민이 밀려오도록 마음을 엽니다. 그 감정을 먼저 그 사람에게, 그런 다음 세상의 모든 존재를 향해 확장합니다. 다양한 어려움을 겪는 다른 많은 사람을 대상으로 이 과정을 반복하세요. 이 연습은 누군가가 당신을 힘들게 할 때 특히 도움이 됩니다.

— ◆ —

나보다 남을 더 소중히 여기기

세 번째 마음수련법은 '나보다 남을 더 소중히 여기기'라고 불립니다. 여기서는 세상에 얼마나 많은 '남'이 있는지 그리고 얼마나 많은 '나'가 있는지 생각해봅니다. 당연하지만 한 사람의 '나', 수십억 명의 다른 사람 그리고 셀 수 없이 많은 다른 존재가 모여 우리를 이루지요. 그럼 이렇게 질문할 수 있습니다. '어느 한 존재의 행복과 셀 수 없이 많은 존재의 행복 중 무엇이 더 중요한가?' 남을 깊이 염려하는 마음이 내면에서 솟아날 때까지 이 생각에 잠깁니다. 이 과정은 여러 종류의 자기중심성과 이기심을 줄이는 데 도움이 됩니다.

— ◆ · · ◆ · · ◆ —

의식하면서 긴장을 푸는 것으로 시작합니다. 이 세상에 얼마나 많은 생명이 존재하는지, 얼마나 많은 인간과 동물, 개개인이 있는지 헤아립니다. 그리고 이렇게 질문합니다. '어느 한 존

재의 행복과 수없이 많은 존재의 행복 중 무엇이 더 중요한가?'
자신을 향한 모든 관심과 걱정을 떠올려보세요. 그것이 내 안
이 아니라 바깥으로, 모든 존재를 향해 확장돼나가는 것을 상
상합니다.

· ✦ ·

감사하는 마음

나의 몸은 타인의 결과물임을 인식합니다. 우리는 말 그대
로 다른 사람에 의해 만들어졌습니다. 지금껏 우리가 섭취
한 모든 음식과 물, 우리를 지탱해준 모든 기회는 다른 사람
의 친절에서 비롯됐습니다. 우리는 그들이 없으면 존재할
수도, 생존할 수도 없다는 사실을 떠올리는 것이지요.

✦ · · ✦ · · ✦

감사할 것들에 대한 성찰: 이러한 타인의 친절에 보답할 수 있
는 방법이 있는지 생각해 봅니다. 그리고 내 몸, 마음, 에너지,
내 모든 노력이 타인의 이로움을 향하도록 합니다. 내가 하는
모든 일이 다른 사람의 행복과 자유의 동기가 되는 것을 상상
합니다.

· ✦ ·

악수와 표현적 사랑

사람들이 자주 하는 질문 중 하나는 "내 안에 악수할 아름다운 괴물이 아직 많이 남아 있는데도 연민을 표하고 다른 사람을 도울 수 있을까요?"입니다.

물론입니다! 두 가지를 동시에 해도 전혀 문제없습니다. 자신의 아름다운 괴물을 인식하고 본질적 사랑과 연결되려고 꾸준히 노력하는 한 우리는 다른 사람을 도울 수 있습니다. 다만 연민이 공허감, 증오, 복수의 감정을 유발하는 것 같은 부작용을 피할 수 있도록 조금 더 주의하고 조금 더 신경 써서 마음챙김을 해야 할 수는 있겠지요. 도로 상태가 좋든 나쁘든 우리는 차를 몰아 길을 달립니다. 만약 길이 험하고 울퉁불퉁하면 그저 평소보다 조금 더 주의를 기울이고 신경을 쓰면 됩니다.

이 연습은 기본적으로 두 부분으로 구성됩니다. 기초를 닦기 위해 반복해서, 필요할 때마다 계속 본질적 사랑과 연결하는 것 그리고 사랑과 연민을 실제로 연습하는 것입니다. 본질적 사랑의 바탕 위에 다른 명상이 행해지는 것이 이상적이지요. 그래서 여기서는 명상과 성찰을 번갈아 진행합니다. 본질적 사랑과 연결될 수 없으면 그때 떠오른 문제가 무엇이든 악수 연습으로 그 문제를 다룹니다. 이러한 성찰과 명상은 여러 번 반복적으로 진행해야 합니다.

◆ · · ◆ · · ◆

앞에서처럼 앉거나 누워서 등을 곧게 편 편안한 자세로 긴장을 풀고 최대한 이완합니다. 의식을 몸에 내려놓는 데서 시작합니다. 잠시 그대로 머물면서 의식이 감정세계로 확장되게 합니다. 감정세계에 내재하는 다 괜찮음과 연결되려고 시도해봅니다. 감정세계의 표면에서 일어나는 모든 것의 미세한 온기나 평안감을 느껴보려고 노력합니다. 본질적 사랑과 연결될 수 있다면 그 사랑이 존재 전체에 퍼지게 합니다. 본질적 사랑과의 연결을 더욱 강화합니다. 본질적 사랑과 연결될 수 없다면 걱정하지 말고 지금 일어나는 모든 일과 악수하세요. 그런 뒤 다시 돌아와 이 과정을 몇 번이고 반복합니다.

소중한 존재에 관한 성찰

앞에서처럼 편안한 자세로 긴장을 풀고 의식에 집중합니다. 사랑, 애정, 다정함을 느끼는 사람이나 동물을 떠올립니다. 그 느낌이 솟구쳐 감정세계를 가득 채우게 합니다. 이제 그 존재의 이미지가 사라지고 애정의 감정만 남게 합니다. 그다음 그 감정을 다른 존재로 확장합니다. 가까운 존재의 영역에서 점점 더 많은 존재의 넓은 영역으로 확장합니다. 특정한 존재를 위해 느낀 것과 같은 사랑, 연민, 애정을 모든 존재에게 느낀다면 얼마나 멋진 일이 벌어질지 상상해보세요.

중립적 존재에 관한 성찰

앞에서처럼 편안한 자세로 긴장을 풀고 의식에 집중합니다. 당신이 잘 모르는 사람이나 특별히 긍정적이거나 부정적인 감정이 들지 않는 누군가를 떠올립니다. 그들에게 깊은 배려와 관심을 품어봅니다. 이렇게 생각합니다. '행복하기를, 평안하기를, 안전하기를, 번성하기를, 원하는 바가 모두 이뤄지기를 빕니다.' 감정이 없거나 잘 모르는 누군가를 위해 강한 소망을 품는 것이 어떤 느낌인지 주목합니다. 그다음 이 세상을 사는 무한히 많은 낯선 이들, 중립적 존재를 떠올리고 그들 모두에게 깊은 관심, 배려, 연민을 품는 것이 얼마나 멋진 일인지 상상합니다.

어려운 존재에 관한 성찰

편안한 자세로 긴장을 풀고 의식에 집중합니다. 당신에게 힘든 존재, 당신이 싫어하는 사람, 적 또는 당신을 화나게 하는 사람을 떠올립니다. 그들이 처한 상황, 겪는 어려움, 고통을 생각해보세요. 아마 그들도 좋은 사람이 되고 남을 기분 좋게 해주고 싶지만, 그들 자신의 괴로움에 휩싸여 있는 상태일 것입니다. 그들에게 걱정과 연민을 느껴봅시다. 연민과 배려가 솟구쳐 감정세계를 가득 채우게 합니다. 이 세상의 모든 어려운 존재에게 이런 연민과 배려를 느끼면 얼마나 좋을지 상상해보세요.

· ◆ ·

골면의 증명

저와 제 아내 타라는 린포체 그리고 그의 큰 스승 중 한 분인 아데우 린포체(Adeu Rinpoche)와 몇 주를 함께 보내는 행운을 얻었습니다. 우리는 중국 본토에서 페리를 타고 이동해 상하이에서 멀지 않은 섬 푸퉈산(Putuoshan, 普陀山)에 머물렀죠.

티베트 사람들은 푸퉈산이 연민의 여신 다라보살(Noble Tara, 多羅菩薩)이 거주하는 곳이라고 말합니다. 들은 바에 따르면 티베트 수도 라싸(Lhasa)에 있는 포탈라궁(Potala Palace)은 푸퉈산에서 이름을 따왔다고 합니다. 중국인에게 푸퉈산은 연민으로 중생을 구제하는 관세음보살(Kuan Yin, 觀世音菩薩)의 거주지로 알려져 있죠. 수 세기 동안 수많은 사람이

다녀간 순례지기도 합니다.

집으로 가려고 호텔을 나서는데 티베트 승려 두 명이 우리 일행이 있는 쪽으로 다가왔습니다. 그중 한 명은 엉성하게 만든 목발을 짚고 절뚝거리며 걸었죠. 한쪽 다리의 상처가 심하게 곪아 있었습니다. 그는 감염으로 목숨을 잃기 전에 병원에 가 다리 절단 수술을 받아야 한다며 제 기억으로 수술비 약 1,500위안(약 28만 원)이 필요하다고 했습니다.

저는 그 자리에서 바로 지갑을 열어 제가 가진 현금의 거의 전부였던 1,200위안을 꺼내 그에게 건넸습니다. 아데우 린포체는 이 자비의 행동에 진심으로 동의한다는 표정이었습니다.

이 일을 계기로 아나가리카 무닌드라(Anagarika Munindra)와 만난 기억이 떠올랐습니다. 무닌드라는 부처가 깨달음을 얻었던 곳인 인도 마을 부다가야(BodhGaya)에 살았고 서양에는 '태국 숲의 전통(Thai Forest Tradition)'으로 알려진 분파의 스승이었죠. 그는 벵갈 바루아(Bengali Barua) 가문 출신이었는데 이 가문은 부처가 살던 시대부터 불교 신자였다고 합니다. 저와 만났을 때 무닌드라는 당시 세 살이었던 제 아들이 그곳 걸인들에게 돈을 주는 모습을 보고 "성자구나, 성자!"라고 말하며 자신이 목격한 행위가 칭찬받을 만한 행동이라는 것을 알려주었습니다.

그는 자선을 베푸는 일은 받는 사람뿐 아니라 그 행동으로 관대한 마음을 드러내는 사람에게도 이익이 된다고 설명했습니다. 관대함은 불교 전통에서 높이 평가되는 고귀한 성품인 바라밀(paramitas, 波羅蜜, 열반에 이르고자 하는 보살 수행의 총칭_옮긴이)의 하나입니다.

사랑 혹은 사랑의 많은 왜곡과 난해함에 관한 문제는 대부분의 현대 심리학, 그중에서도 특히 심리치료의 중심입니다. 예를 들어 아동 발달은 보호자의 역량(또는 역량 부족)에 따라 유아기에 형성됐거나 결핍된 안정 애착, 불안정 애착, 회피 애착 패턴을 분석하는 '애착이론' 관점에서 관찰되죠. 그 감정 패턴을 성인기까지 추적해보면 연인 관계에서 다시 나타납니다.

그런데 그간 현대 심리학에서는 린포체가 강조하는 사랑과 연민에 관한 언급이 거의 없습니다. 긍정심리학의 출현과 함께 심리학계는 연민을 탐구하기 시작했는데 이는 비교적 최근의 일입니다. 달라이 라마는 2003년 마인드앤드라이프 세미나 중 과학자들과 만난 자리에서 데이비드슨에게 뇌과학 연구 도구로 연민을 연구해보라고 권유했습니다. 하지만 데이비드슨이 연민이라는 단어가 제목에 포함된 과학 논문을 발표한 것은 2008년입니다.

또, 달라이 라마는 여러 해 전부터 심리학자에게 애착 없는 사랑에 초점을 맞춘 연구를 독려해왔습니다. 그는 1980년대 심리치료사와 함께한 한 학회에서 서양에서 흔히 볼 수 있는 한 가지 문제가 자기비판적, 자기혐오적 태도라는 사실을 듣고 놀랐다고 합니다. 그가 주로 쓰던 언어와 고대, 중세 불교에서 쓰인 언어(산스크리트어와 팔리어)에는 연민이라는 단어의 뜻에 자기 자신이 포함되지만 영어에는 오로지 타인만 포함됩니다. 그는 영어에 자기연민(self-compassion)이라는 새로운 단어가 필요하다고 말했습니다. 이는 미국 심리학자 크리스틴 네프(Kristin Neff)가 자기연민에 관한 연구를 시작하기 한참 전의 일이었죠.

제가 저서《포커스》에서 설명했듯이 연민의 행동을 과학적으로 이해하는 과정은 공감과 연민의 주요 특징을 살펴보는 데서 출발합니다. 연구에 따르면 공감은 세 종류로 분류되며 각기 다른 뇌 회로를 기반으로 작용합니다.

가장 널리 알려진 첫 번째 공감은 상대방이 세상을 보는 방식을 인식하는 인지적 공감입니다. 이 경우 상대의 관점을 이해하고 그의 관점에서 상황을 바라볼 수 있으며 그가 사용하는 언어, 더 엄밀히 말하면 그의 '멘탈 모델(mental model, 사람들이 자기 자신, 다른 사람, 환경, 자신이 상호작용하는 사물에 갖는 모형으로 '심성 모형'이라고도 함_옮긴이)'까지 알 수 있습니다. 이는 우리가 상대방이 가장 잘 이해할 수 있는 표현을 사용하게끔 합니다. 즉, 인지적 공감이 의사소통을 더 원활하게 해준다는 것이죠.

두 번째 공감은 감정적 공감입니다. 내가 감정을 느끼는 것처럼 상대방이 어떤 기분을 느끼는지 알 수 있습니다. 정서적 신경과학(affective neuroscience)에서는 이처럼 뇌가 타인의 감정을 받아들이고 반응하는 방법, 즉 감정적 공감에 관해 연구해왔습니다. 이러한 공감은 강력한 라포(rapport) 형성에 도움을 주지만 타인의 곤경과 고통에 괴로워하는 '공감의 고통(empathy distress)'을 초래할 수도 있습니다.

공감의 고통은 보건의료 분야에서 널리 문제로 인식되고 있습니다. 예를 들어 간호사는 통증이 너무 심해 화를 내거나 어찌할 바를 몰라 힘들어하는 환자를 만나면 그 환자가 느끼는 고통을 느낍니다. 만약 그 간호사가 이런 고통을 며칠에서 몇 주 이상 계속 느끼면 감정적 피로와 탈진이 나타나 결국 일을 그만둘 수도 있습니다. 공감의 고통에 따른 인력 손실은 의료계의 주요 딜레마가 됐죠.

사람들이 타인의 고통을 보는 괴로움에 대처하는 방법

중 하나는 외면입니다. 실제로 고통의 대상이 없는 것처럼 무시할 수도 있고 내면에 심리적 거리를 둘 수도 있죠. 그런데 무시는 노숙자가 꼽는 가장 고통스러운 경험 중 하나로 이들은 사람들이 말 그대로 자신들이 눈에 전혀 보이지 않는 것처럼 행동한다고 말합니다. 두 번째 방법인 감정적 거리두기는 의료진 같은 직업군을 괴롭힙니다. 의료진은 심리적 거리를 두며 농담과 무관심으로 환자의 고통을 다스리지만 그러면 환자를 진심으로 돌보기가 힘들어집니다.

이 분야 연구 중에는 명상이 어떻게 우리의 공감 능력을 변화시키는지 살펴본 것도 있습니다. 위스콘신대학교 뇌영상연구소는 오랜 기간 명상을 해온 사람을 대상으로 연구를 진행했습니다. 연구에 참여한 명상가들은 심각한 고통에 처한 사람(예를 들면 피부가 까맣게 타버린 화상 환자)의 사진을 봤을 때 편도체와 관련된 뇌 회로가 명상을 하지 않는 사람보다 더 많이 활성화됐습니다. 이 결과는 명상가의 뇌 회로에서 고통을 담당하는 부분이 민감해져 감정적 공감이 더 커졌음을 보여줍니다.

편도체는 지금 현재 긴급한 사안(예를 들면 엄청난 고통에 빠진 누군가)에 주의를 기울이게 하는 '중요성' 감지기 역할을 합니다. 편도체와 함께 뇌의 섬엽(insula)도 비상사태에 대응할 준비를 하면서 신체 장기에 메시지를 보내죠.

따라서 명상가는 흐트러진 마음을 바로잡기 위해 상황을 외면하기보다 실제로 도움을 줄 공산이 더 큽니다. 마음속에서 무슨 일이 일어나는지 더 명확히 알게 된 것은 독일 막스플랑크재단(Max Planck Institute)에서 진행한 일련의 연구를 통해서입니다. 이 연구에서는 매우 유능한 명상가 마티유 리카르(Matthieu Ricard)가 화재 피해자처럼 큰 고통을 받는 사람의 사진을 보는 동안 뇌 스캔 검사를 진행했습니다.

그 결과 고통받는 사람과 공감해달라는 요청을 받았을 때 고통을 담당하는 라카르의 뇌 회로가 활성화된 것이 포착됐습니다. 그런데 이어 그들을 연민의 마음으로 봐달라는 (즉, 고통받는 사람에게 애정 어린 마음을 느끼도록) 요청을 받자 긍정적 감정 그리고 타인과의 친밀함을 담당하는 회로가 활성화됐죠.

타인의 고통과 함께하는 이 능력은 명상 수행으로 생기는 항구적인 이점인 듯합니다. 3개월간 명상 수련에 참여한 실험 참가자를 7년 뒤 다시 확인한 결과 명상 수련 이후 고통받는 사람의 사진을 외면하지 않고 바라본 사람이 여전히 그런 고통을 잘 지켜볼 수 있었습니다.

막스플랑크재단 연구원들은 이 단서를 바탕으로 이번에

는 지원자를 모집해 한 집단은 타인의 고통에 대한 연민을 키우게 하고 다른 집단은 그저 그들과 공감하게 했습니다. 확인 결과 연민을 키우는 훈련을 한 집단에서 비슷한 뇌 패턴이 나타났죠. 그저 공감한 집단은 타인의 고통으로 인해 자신의 고통도 증가했지만 연민을 훈련받은 집단은 자신의 고통이 감소했습니다.

연민의 힘은 공감의 세 번째 종류이자 기술적으로 공감적 관심(empathic concern)이라고 불리는 공감 능력에 있습니다. 이런 유의 공감은 나머지 종류와는 전혀 다른 신경 회로를 활성화합니다. 바로 인간이 다른 포유류와 공유하는 보살핌의 뇌 회로입니다. 그건 마치 부모가 자식을 사랑하는 것과 같습니다. 이 회로는 우리가 배우자, 가족, 친구 등 누군가에게 사랑을 느낄 때 활성화되죠.

짜증 내는 어린아이를 달래는 부모를 생각해보세요. 아이를 아끼는 부모는 아이가 화를 낸다고 같이 화를 내기보다는 지켜야 할 선을 다정한 태도로 분명히 밝히면서 아이가 느끼는 감정적 괴로움과 함께할 수 있습니다. 연민의 마음을 기르는 연습을 해나가면 침착함과 보살핌이 더해진 상태에 도달할 수 있는 것으로 보입니다. 연민을 키우는 연습을 짧게만 수행해도 이런 회로는 더 강해지죠.

내면 해독

보살피는 마음과 함께 타인의 고통에 대한 이같이 높은 반응성은 모르는 사람을 살리기 위해 신장을 기증한 사람에게서도 발견됩니다. 연민의 귀감이 되는 이들의 뇌를 촬영하면 대부분 편도체에 정상보다 확대된 부위가 있는데 이것이 타인의 고통에 더 민감한 이유로 보입니다. 이런 공감 능력이 남다른 이타주의적 행동을 이끈 듯 보입니다.

연민 기르기에는 공감 능력을 높이는 것 이상의 긍정적 효과가 있습니다. 예를 들어 위스콘신대학교 데이비드슨 연구소는 실험 참가자를 무작위로 두 집단으로 분류한 뒤 한 집단은 감정 문제의 원인을 되돌아보게 하고 다른 집단은 연민을 키우는 훈련을 하게 했습니다. 실험 결과 연민을 키우는 훈련을 한 집단이 관대함 테스트에서 다른 집단보다 두 배 더 높은 측정치를 보였습니다.

온라인으로 고작 2시간 30분 동안 연민을 키우는 훈련을 한 실험에서도 이와 비슷한 효과가 나타났습니다. 연민을 키우는 연습을 한 실험군은 같은 시간 동안 스트레칭을 한 대조군에 비해 연습 이후 자선단체에 기부할 가능성이 훨씬 커졌습니다.

이런 효과는 다른 명상보다는 연민을 키우는 데 초점을 맞춘 명상에서만 나타나는 것으로 보입니다. 이를테면 생각과 느낌을 알아차리는 능력을 키우는 명상을 하면 해당 부분의 주의집중 회로는 더 강해지지만 이타심 회로에는 영향이 없습니다. 결론적으로 더 친절하고 다정한 사람이 되고 싶다면 연민을 키우는 연습을 해야 한다는 겁니다.

연민을 느끼면 예상치 못한 선물도 뒤따릅니다. 행복을 담당하는 뇌 회로가 활성화돼 좋은 기분을 느끼는 거죠. 달라이 라마는 종종 이렇게 말했습니다. "연민으로 가장 먼저 이득을 보는 사람은 연민을 느끼는 바로 그 사람입니다."

아주 짧은 순간의 연민에서조차 수년 동안 연민을 키우는 연습을 한 사람에게서 나타나는 신경학적 변화가 시작된 징후가 나타나며, 타인과의 연대감도 높집니다. 우리는 마치 아이가 언어를 배우는 능력을 타고나듯이 공감하고 연민하는 따뜻한 마음의 '생물학적 기반'을 타고납니다. 일생을 살면서 연민을 키우는 훈련을 더 오랜 시간 수행할수록 더 관대해지고 더 배려하는 사람이 될 수 있습니다.

여러 아시아 국가에서 티베트의 다라보살에 상응하는 연민의 여신 관세음보살을 숭배합니다. 그 이름을 번역하면 이렇습니다. "세상의 울부짖음에 귀 기울이는 자."

나의 몸은 타인의 결과물입니다.
우리가 섭취한 모든 음식과 물,
우리를 지탱해준 모든 기회는 어디에서 비롯되었나요?
우리는 그들이 없으면 존재할 수도,
생존할 수도 없다는 것을 떠올려 보세요.

6장

평온하게 깨어 있기
평온함 속에 머무는 법

린포체의 가르침

오래전 대니가 샌프란시스코에 있는 한 고급 호텔 하이 티

(오후 4~5시경 홍차와 샌드위치 등으로 먹는 가벼운 저녁 식사_옮긴이)

에 저를 초대했습니다. 인도에서 온 지 얼마 되지 않았을 때
의 일이었지요. 그날 제가 호텔에 들어설 때 저를 이상하다
는 듯 보는 사람은 아무도 없었습니다. 제가 살던 곳에서는
호텔에 들어서면 종업원을 포함해 모든 사람이 손님을 머
리끝부터 발끝까지 훑어보는데 말입니다. 그곳에서는 사람
을 빤히 쳐다봐도 아무 문제가 되지 않습니다. 모든 사람이

쳐다보니 처음 몇 분 동안은 꽤 불편합니다.

자리에 앉으면 종업원이 와서 주문을 받고 갑니다. 간다는 것은 정말로 가서 안 온다는 뜻입니다. 주문을 받고 나면 그저 자기 할 일만 하거든요. 아무도 손님 테이블에 와서 필요한 게 없는지 물어봐주지 않지요. 필요한 게 있으면 소리를 질러 종업원을 불러야 합니다.

샌프란시스코의 그 호텔 종업원들은 제게 별로 질문을 하지 않았습니다. 아주 조용하고 예의 있었고 빤히 쳐다보지도 않았지요. 막 자리에 앉으려는데 갑자기 제 뒤에 있던 한 남자가 의자를 뒤로 끌어내줬습니다. 모든 게 새로웠던 저는 주위를 둘러봤습니다. 근처를 서성거리는 종업원은 아무도 없었습니다. 하지만 제가 주위를 둘러보자마자 누군가 다가와 "선생님, 필요한 게 있으십니까?"라고 말했습니다. 우리 눈앞에 있는 건 아니지만 멀리서 어떻게든 지켜보며 손님인 우리를 의식하고 있었던 것입니다. 이걸 보고 두 번째로 놀랐지요.

저는 종업원들이 어떤 모습으로 음식을 서빙할지 궁금해졌습니다. 인도에서는 음식이 약간 지저분하게 나오고 종업원들은 부주의하게 늘 서로 부딪쳤거든요. '이 사람들이 음식을 어떻게 나를까?' 하고 생각하는데 종업원 세 명이 품위 있게 접시를 들고 우리 테이블로 왔습니다. 세 사람은 서로 부딪치지 않고 접시를 완벽하게 올려놓았지요. 그들은 늘 서로를 염두에 두고 있었습니다. 그들이 상황을 완전히 의식하고 있는 것을 보고 저는 이렇게 생각했습니다. '세상에. 내가 마음챙김을 배웠다지만 여기야말로 실제로 마음챙김이 일어나는 곳이군.'

종업원들은 파노라마처럼 멀리 펼쳐진 의식, 좁고 넓은 범위 모두에 초점을 둔 마음챙김을 보여줬습니다. '좁은' 범위는 스프를 테이블 위 적당한 위치에 정확히 내려놓은 점이고 '넓은' 범위는 그들 뒤에 누가 있는지 알고 있다는 점이었습니다. 그들이 좁은 범위만 의식했다면 스프를 적당한 곳에 잘 올려놓았겠지만 뒤에서 무슨 일이 일어나는지 지속적으로 살피지는 못했을 것입니다. 또 그들이 넓은 범위만 의식했다면 그 장소 전체에는 주의를 기울이고 있었을지 몰라도 음식을 적당한 곳에 정확히 내려놓지는 못했을 테지요. 그렇지만 그들은 둘을 동시에 해냈습니다.

우리는 일반적으로 이런 유의 연습으로 아주 많은 문제를 해결할 수 있습니다. 우리는 때로 진짜 물건과 부딪치기도 하겠지만 대부분은 상황이나 다른 사람과 부딪칩니다. 날마다 하는 마음챙김은 알아채지 못하는 데서 생기는 여러 어려움을 방지하는 데 도움이 될 수 있습니다.

우리는 지금까지 육체와 감정세계에 관한 이야기에 많은 시간을 할애했습니다. 생각을 내려놓고 몸에 집중한 채로 긴장 풀기, 스트레스와 에너지, 느낌 및 감정과 악수하기, 내재한 본질적 사랑과 타고난 행복이나 평안함에 연결되는 법에 관해 이야기를 나눴지요. 이제는 마음에 관해 이야기할 차례입니다. 마음은 당연히 명상의 큰 초점입니다. 전통적으로는 몸을 다루기에 앞서 마음을 먼저 다루지만 저는 몸에서 출발해 감정세계를 거쳐 마음을 다루는 쪽을 선호합니다.

이렇게 하면 감정세계와 감정을 우회하거나 건너뛸 가능성이 줄어든다고 보기 때문이지요. 심리치료사였던 제 친구 존 웰우드(John Welwood)는 영적 우회(spiritual bypass)를 가르쳤습니다. 명상 같은 수단을 이용해 고통스러운 감정적 현실을 모면할 수 있게 도왔지요. 그런데 우회는 온갖 정신적, 감정적, 사회적 문제를 낳을 수 있고 근본적인 해결책은 되지 못합니다. 그래서 이 책에서는 먼저 몸과 감정세계에 순수하고 균형 잡힌 방법으로 연결되게 한 것입니다. 이제는 마음을 다루는 방법도 알아볼 때가 됐습니다.

마음을 다루려면 먼저 정신 작용에 관해 알아야 합니다. 제 전통에서는 마음을 묘사하는 방식이 다양합니다. 마음을 분류해 설명해둔 문헌 내용이 수천 쪽에 달하는데 그중 일부는 심오하고 정확해 저 역시 명상을 가르칠 때 참조합니다. 그런데 저는 우리가 마음을 다루기 위해 그 내용을 전부 알아야 할 필요는 없다고 생각합니다. 우리는 그중에서 이 과정을 시작하는 데 도움이 되는 실질적 모델에 대해서만 알아두면 됩니다.

마음의 네 가지 표현법

마음의 모델은 많지만 저는 전통 개념에 기초한 단순한 모델이 가장 유용하다고 생각합니다. 지적 개념이 너무 많으면 때로는 방해만 되거든요.

기본적으로 마음은 앎(knowing), 생각(thinking), 알아차림(awareness), 명료성(clarity)의 네 가지 방식으로 자신을 표현합니다. 먼저 '앎'은 자동적입니다. 일단 우리가 뭔가를 배우면 그것을 저절로 알게 됩니다. 예를 들어 빨간 꽃이라고 하면 우리는 그것이 빨갛고 꽃이라는 사실을 압니다. 대부분의 경우 우리는 세상을 다시 배우고 다시 분석할 필요가 없습니다. 그런 앎은 끊임없이, 무의식적으로, 저절로 일어납니다. 우리가 다른 일에 집중하고 있더라도 머리 위로 비행기가 날아가면 그것이 비행기임을 그냥 알지요. 비행기 소리를 들으면 우리가 이미 배운 분류명이 연상되기 때문입니다.

'생각'은 간단합니다. 우리 모두가 생각이 뭔지 압니다. 우리는 다 생각 전문가니까요. 매일 수백만 가지 생각이 우리 마음을 넘나듭니다. 그런데 의도적으로 뭔가를 생각하는 것과 생각이 저절로 떠오르는 것에는 큰 차이가 있습니다. 어떤 때는 우리가 의도적인 생각에 적극적으로 참여합니다. 다시 말해 우리가 뭔가를 생각해내지요. 또 어떤 때는 생각이 그냥 떠오릅니다. 티베트 전통에서는 저절로 떠오르는 이런 생각을 소리나 냄새와 비슷한 감각 대상으로 여깁니다.

'알아차림'부터는 조금 미묘해집니다. 마음챙김은 알아차림에서 비롯됩니다. 마음챙김에는 알아차리려는 약간의 노력이 포함되지요. 가끔 저는 마음챙김을 이중적인 앎(double knowing)이라고도 부릅니다. 우리가 뭔가를 알고 있다는 것을 아는 상태라는 의미에서 그렇습니다. 이를테면 어떤 꽃을 알고 있을 때 우리는 그 꽃을 앎을 의식할 수 있습니다.

내면 해독

마음챙김은 알아차림과 거의 같은 개념이지만 알아차림은 정통하거나 개관적인 것 중 하나일 가능성이 있습니다. 뭔가를 알아차릴 수 있는 의식은 모든 사람에게 있지만 이 잠재성이 항상 발현되진 않습니다. 마음챙김을 하려고 의도적으로 노력을 기울여야만 알아차림의 상태가 됩니다. 알아차림과 마음챙김은 매우 비슷하기 때문에 이 장에서는 두 가지를 혼용해 언급할 것입니다.

명료성은 마음을 다른 현상과 구별 짓는 독특한 특성입니다. 설명하자면 마음의 원재료이며, 앎, 생각, 알아차림을 구성하고 있습니다. 여기서 말하는 명료성은 우리가 보통 생각하는 의미, 즉 '그는 상당히 명료하다'거나 '그들의 사고는 정말 명료하다'고 말할 때의 의미와는 다릅니다. 그보다는 더 근본적인 차원으로 마음의 기본 환경인 '깨어 있는 성질'이지요. 마음 그 자체의 원재료를 들여다보면 마음의 바탕은 어둡고 칙칙하지 않습니다. 거기에는 분명 밝게 빛나는 성질이 있지요. 우리가 어두움과 혼미함을 경험하는 것은 이 명료성 때문입니다. 만약 명료성이 없다면 명료성이 흐릿해진 혼미함을 경험할 수 없을 것입니다. 제 전통에서는 명료성의 고유성이 마음을 특징짓습니다. 마음을 제외한 다른 현상에는 이런 기본적이고 밝게 빛나는 명료성이 없지요.

주의 깊은 알아차림

수행의 주요 도구는 '주의 깊은 알아차림(mindful awareness)' 입니다. 알아차림에는 두 가지 성질이 있습니다. 다른 대상을 알아차리는 것과 자신을 알아차리는 것이지요. 다른 대상을 알아차린다는 의미는 유형(예를 들면 물건)과 무형(예를 들면 생각, 정신 상태) 모두를 인식한다는 뜻입니다. 그리고 자신을 알아차린다는 것은 자기 고유의 특징을 안다는 의미지요. 제 마음챙김 수련 목적은 자기가 알아차린 것에 꾸준히 주의를 기울이는 것입니다.

수련을 통해 훈련하지 않으면 알아차릴 능력이 있는데도 알아차림에 주의를 기울이지 않을지 모릅니다. 예를 들어 돋보기가 있어도 그걸 써야 한다는 사실을 기억하지 못하면 전혀 도움이 되지 않는 것과 마찬가지입니다. 우리 의식에 주의를 기울이지 않으면 알아차릴 능력이 있어도 쓸모가 없습니다. 마음챙김을 하지 않으면 알아차림을 경험할 수 없습니다. 알아차릴 능력이 있어도 우리가 그 능력을 사용하지 않기 때문이지요. 마음챙김은 우리가 타고난 알아차리는 능력을 이용할 수 있게 해줍니다.

그래서 마음챙김이 이렇게나 중요하다면 그게 정확히 무

엇이며 어떻게 수련할 수 있을까요? 불교계에서는 모든 분파에서 마음챙김을 가르칩니다. 제 전통에서 마음챙김은 주로 기억하기, 알아차리기, 대상에 끊임없이 주의 두기로 묘사됩니다. 어떻게 보면 아주 간단하지요. 목수는 나무와 칼날에 주의를 기울입니다. 요리사는 음식을 준비하면서 온도, 맛, 식감, 타이밍 등에 주의를 기울이고요. 우리는 이런저런 일을 할 때 자연스럽게 마음챙김을 사용합니다. 그런데 우리가 정해진 활동을 하고 있지 않을 때는 어떨까요?

다시 말해 마음챙김 그 자체는 어떤 형식일까요? 그리고 우리는 마음챙김을 어떻게 수련할 수 있을까요? 전통적으로 마음챙김에는 네 가지 기초가 있다고 일컬어집니다. 바로 몸, 감각, 마음, 정신 구조(생각, 이미지 등)입니다. 이 네 분야는 우리가 마음챙김을 확고히 할 수 있는 영역이지요. 마음챙김은 주의를 흐트러뜨리지 않고 한곳에 두도록 마음을 훈련한다는 뜻입니다. 무엇을 대상으로 해서든 시작할 수 있으며(이를테면 걸을 때 다리 움직임을 의식하는 것) 우리가 경험하는 모든 것이 의식의 대상이 되는 경지까지 발전시킬 수 있지요. 쉬운 말로 마음챙김을 하면 점점 더 현존하게 되고 우리 내면과 주변에서 일어나는 일을 점점 더 많이 알아차리게 됩니다. 또 주의가 산만해지거나 과거나 미래에 대한 생각에 잠기는 습관이 마음챙김하는 새로운 습관으로 차츰 바뀌지요.

생각과 감정은 도전이 되기도 하는데 마음챙김은 그 안과 주위에 공간을 만들어 우리에게 큰 도움을 줍니다. 화가 났음을 알 때 당신은 분노를 의식하고 있습니다. 제 동생 밍규르는 "만약 강이 눈에 보인다면, 당신은 강에 빠져 죽어가는 것이 아니다"라고 예를 들었지요. 다르게 말하자면, 주의가 흐트러졌음을 알아차리면 더는 주의가 흐트러진 상태가 아니란 것이지요. 결국에는 알아차린 자신의 의식에 주의를 둘 수 있고 그러면 마음챙김과 알아차림이 불가분 상태가 되지요. 마음챙김은 알아차림이 되고 알아차림은 마음챙김이 됩니다. 그러면 마음챙김이 거의 자동으로 이뤄집니다. 가끔 마음챙김 스위치를 켜야 하는 상황도 생기겠지만 스위치가 켜지면 곧바로 알아차림이 그 자리를 인계받습니다. 그 시점에는 마음챙김의 일을 알아차림이 대신하므로 마음챙김을 계속할 필요가 없습니다.

이런 식으로 알아차림에 도달하면 훨씬 더 편안해집니다. 마음의 시야가 확장되고 폭넓어지지요. 보통 마음챙김의 시야가 더 좁고 일정한 대상에 초점이 맞춰져 있습니다 (심지어 하나의 생각이 마음챙김 대상이 되기도 하지요). 그래도 마음챙김에서 시작해야 합니다. 알아차림을 향해 나아가면서 좁았던 초점이 점점 넓어지고 일정 대상에 초점을 맞춰야 할 필요성은 줄어듭니다. 이 과정의 정점은 무한하고 명료한 열림(unconfined lucid openness)을 갈수록 더 많이 경험하는 것입니다. 훈련은 좁은 범위에서 시작해 차츰 넓은 범위로 확장됩니다. 정확성 같은 좁은 범위의 요소 일부는 여전히 남아 넓은 범위의 요소와 공존합니다. 서양에서 명상을 가르치면서 발견한 사실이 있는데 마음챙김 범위가 확장되면 사람들이 마음챙김을 잃어버렸다고 생각해 넓은 범위에 의식을 둔 상태에서 벗어나 다시 좁은 범위로 돌아간다는 점입니다. 그러니 마음챙김 상태 너머가 알아차림이라는 사실을 명심해둘 필요가 있습니다.

양치기, 양, 밧줄

제 전통을 따르는 명상가 중에는 티베트 유목민 출신이 많은데 그 상당수가 고지대에서 양과 소를 치면서 삽니다. 그래서 가축과 관련된 은유를 정말 좋아하지요. 여기서 소개할 주의 깊은 알아차림 수련은 기둥에 밧줄로 묶여 있는 풀 먹는 양들을 양치기가 감시하는, 다소 예스러운 사례를 들어 설명하려고 합니다. 우리 마음은 양에, 마음챙김은 밧줄에, 알아차림은 목동에 비유할 수 있습니다. 인간의 마음은 양과 마찬가지로 때로는 고요하지만 때로는 안절부절못하고 배회하지요. 밧줄은 양을 한 지점에 묶어두는 직접적인 방법입니다. 호흡이나 감각 등을 주의 깊게 의식하는 것은 우리 마음을 버팀목에 묶어 얼마나 멀리까지 움직일 수 있는지 한계를 정해주는 것과 같습니다. 목동의 관점은 더 넓어서 상황 전체를 주시하고 어느 특정한 양의 특정한 단계에 명확히 초점을 맞추지는 않습니다. 알아차림도 넓은 관점에서 조망하며 전체 상황을 열린 마음으로 느긋하게 지켜보지요.

주의 깊은 알아차림 습관을 만들고 나면 다음 단계는 '가라앉히고 집중하기(settling and focusing)'입니다. 때로는 '고요함을 지키기' 혹은 '흐트러지지 않는 평온함 속에 머물기'라고도 불리지요. 산스크리트어인 '사마타(Samatha, 티베트어로는 '시내')'라고 불리는 이 단계는 모든 불교 전통에서 널리 사랑받는 수련법입니다. 여기에는 두 가지 본질적인 방법이 있습니다. 하나는 '대상을 두고 가라앉히기'이고 다른 하나는 '대상 없이 가라앉히기'입니다. 이 둘의 핵심은 평온하고 명료하고 흐트러짐 없고 유연해지는 것입니다. 수련은 마음챙김을 활용해 마음이 점점 한곳으로 모일 때까지 주의를 한 대상(예를 들면 자신의 호흡)으로 계속해서 돌리는 것입니다. 우리는 이런 식의 느긋한 집중 훈련에 익숙하지 않기 때문에 시간과 인내심이 필요하지요.

이번 장 전까지는 몸과 느낌에 기반을 둔 연습을 하면서 무슨 일이든 열린, 환영하는 마음으로 맞이했었지요. 사마타를 연습할 때는 경험하는 현상에 찬성과 반대 의사를 표현하는 법을 배웁니다. 관점을 확립해나가는 것이지요. 어떤 의미에서는 산만함에 '반대'한다고 말하고 가라앉히고 집중하기에 '찬성'한다고 말한다고도 볼 수 있습니다. 이 과정에서 우리는 마음이 관심을 기울일 수 있는 다른 어떤 대상이 아니라 우리가 선택한 한 대상에 반복적으로 주의를 기울입니다.

현재성

대상 없이 마음을 차분히 가라앉히는 것은 한층 더 미묘합니다. 닻 역할을 하는 대상이 없는데도 현재 순간을 흐트러짐 없이 알아차리면서 무슨 일이든 일어나도록 허용하고 그저 현재성(nowness)의 감각에 정착하지요.

우리가 키워나가는 관점 또는 견해는 명료하고(clear) 생각이 없는(thought-free) 현재성입니다. 명료한 것은 마음의 기본적인 명료성이 인식되고 유지되기 때문입니다. 생각이 없는 것은 뭔가를 숙고하고 능동적으로 사고하는 의도적 행동이 아니기 때문입니다. 중요한 점은 여기서의 생각이 없는 상태가 아무 생각도 떠오르지 않는 상태를 의미하지는 않는다는 사실입니다. 이 수련이 생각하는 행위가 아니라는 뜻입니다.

생각은 하늘의 구름이나 소리, 물 표면에 맺힌 거품처럼 자연스럽게 떠오르고 자연스럽게 가라앉을 수 있습니다. 그렇지만 산만한 생각으로 가득한 것은 우리가 유지하려는 관점이 아닙니다. 단지 자연스럽게 명료하고 생각이 없는 현재성을 인식하는 것입니다. 생각은 현재성의 일부로 떠오르거나 소멸할 수 있습니다. 이 관점은 초점의 대상이 있을 때도, 없을 때도 유지할 수 있지요.

이런 식으로 마음을 단련해나갈 때 계속해서 주의가 산만해지는 것은 완전히 정상임을 기억하세요. 주의가 흐트러지더라도 너무 호들갑스럽게 반응할 필요는 없습니다. 그저 의식을 집중하던 대상으로 조심스럽게 다시 돌려놓으면 됩니다. 자신을 비난할 필요도 없습니다. 어떤 생각이 들든 그

내면 해독

생각을 애써 중단할 필요도 없습니다. 주의가 흐트러졌다는 사실을 알아차리자마자 이미 다시 주의를 의식한 상태로 돌아왔기 때문에 그저 마음을 되돌릴 수 있습니다. 생각의 말을 믿을 필요도 없습니다. '나는 명상 실력이 영 별로야. 다른 사람은 해낼 수 있을지 몰라도 나는 도저히 안 되겠어' 같은 생각은 정상이지만 사실이 아닙니다. 비난하는 생각이 떠오르거나 패배감이나 포기하고 싶은 기분이 들면 그것과 악수하세요. 악수 연습과 가라앉히기 연습을 번갈아 해도 괜찮습니다. 마음을 수십만 번 되돌려야 할지도 모릅니다. 우리는 지금 새로운 습관을 만들고 있는데 습관이 형성되려면 근면, 인내, 반복이 필요합니다.

처음에는 집중 대상에 의식이 머무는 시간이 단 1~2초밖에 안 될지도 모릅니다. 이는 정상입니다. 의식이 흐트러지지 않는 능력은 서서히 길러질 것입니다. 그러다 어느 시점에 이르면 일념집중(one-pointedness)에 도달합니다. 합일(unification)이라고도 묘사되지요. 이런 수련에는 평온과 집중 같은 많은 유익한 효과가 있습니다. 그중에는 유연성도 있는데 여기서 유연성이란 어떤 생각, 감각, 인식이 일어나도 이제 더는 마음이 그 영향력 아래에 있지 않음을 뜻합니다. 마음은 독립성과 안정성을 찾아 더는 그 요인에 좌우되지 않지요. 우리가 마음을 어딘가에 두고 싶다면 그렇게 할 수 있습니다. 마음을 다른 곳으로 옮겨 거기 머물고 싶다면 그렇게도 할 수 있지요. 늘 제멋대로 하던 마음은 이제 길이 들었습니다.

방해 요인

가라앉히고 집중하기의 주요 방해 요인은 마음의 동요(agitation)와 둔감(dullness)입니다. 동요는 마음이 아주 활기찬 상태입니다. 거침없이, 열정적으로 사방을 돌아다니지요. 생각이 가득 차 과거와 미래를 넘나들고 명상 방석에서 벌떡 일어나 수백 가지 일을 하고 싶은 충동을 느낍니다. 아주 흔한 상태입니다. 많은 사람이 빠른 속도로, 매우 자극적인 방식으로 살고 있습니다. 마음은 이런 생활 방식에 맞춰져 우리가 가만히 앉아 느긋하게 호흡을 주시하더라도 쉽게 진정되지 않습니다.

이와 반대되는 장애물은 마음의 에너지가 낮을 때 느껴지는 둔감입니다. 머릿속에 짙은 안개가 깔린 것처럼 멍하고 행동이 굼뜬 기분이 들지요. 잠을 자든지 아니면 텔레비전을 쳐다보면서 무감각하게 있고 싶어집니다. 둔감 역시 아주 흔하게 나타납니다. 스트레스와 자극이 많은 상태에서 가만히 앉아 마음을 가라앉히고 집중하려고 하면 마음에 잔류한 피곤이 둔감과 혼미로 발현됩니다.

우리가 가라앉히고 집중하기 수련을 하면서 거치는 경험의 단계는 산에서 물줄기가 작은 폭포처럼 흘러내려 흐르다 호수와 만나는 과정에 빗대 묘사할 수 있습니다. 첫 번째는 산에서 쏟아져 내리는 작은 폭포, 다음은 빠른 속도로 흐르는 시냇물, 다음으로 굽이굽이 흐르는 완만한 강, 마지막에는 잔잔한 호수로 이어집니다. 수련 중 우리 마음이 생각의 흐름을 경험하는 방식을 보여주는 단계지요. 생각을 마음챙김하기 시작하면 처음에는 마음의 분주함이 더 심해진 것처럼 느껴지기도 합니다. 지속적이고 압도적인 생각이 집중 공격하는 느낌이지요. 이 단계는 '폭포 경험'이라고 불립니다. 우리는 이렇게 생각할지도 모릅니다. '명상을 시작하기 전에는 내 마음이 이렇게 분주하고 제멋대로이지 않았는데, 뭔가 잘못된 것 같아!' 그런데 사실은 상황이 나빠진 것이 아니라 원래 그랬던 상태를 우리가 더 잘 인식하게 된 것뿐입니다. 폭포 경험은 실제로 마음을 단련하기 시작했음을 의미하는 긍정적인 신호입니다.

시간이 조금 지나면 쏟아지듯 밀려들던 생각의 강도가

조금씩 진정되기 시작합니다. 마음은 여전히 분주하지만 생각에 압도당할 정도는 아닙니다. 가끔 내면의 어떤 공간을 경험하기 시작할 수도 있습니다. 이는 '급류 경험'이라고 불립니다. 우리가 계속 수련을 해나가면 물살이 진정되고 속도가 느려지고 생각과 생각 사이에 점점 더 많은 공간이 생길 것입니다. 이런 상태는 '굽이 흐르는 강 경험'이라고 불리지요. 이 시점에 이르면 마음이 상당히 고요해집니다. 계속 수련에 정진하면 결국에는 생각이 정말로 많이 잦아들면서 고요함이 유지되는 상태를 경험합니다. 앞에서 말한 명료하고 생각 없는 현재성 상태에 이르는 것이지요. 이는 '잔잔한 호수 경험'이라고 불리며 일념집중이나 합일의 시작으로 여겨집니다. 모든 사람이 이런 단계에 이르는 것은 아니지만 열심히, 끈질기게 마음을 단련하는 사람이라면 누구든 이런 수준의 경험을 할 수 있습니다.

유용한 조언

근본적으로 우리는 평온하고 명료해지는 습관을 만들고 있습니다. 다른 식으로 표현하면 편안하면서도 동시에 깨어 있는 상태가 되는 법을 배우고 있다고도 할 수 있습니다. 일반적으로 우리는 긴장을 풀면 둔감해집니다. 리모컨을 손에 들고 소파에 푹 파묻히거나 해변에 앉아 끔벅끔벅 졸 때처럼 말입니다. 정신을 바짝 차리면 흔히 긴장하거나 마음이 동요하거나 불안한 기분이 듭니다. 긴장이 풀려 있으면서도 동시에 기민한 경계 상태가 되는 것은 드문 일이지요. 그게 가능한지조차 확신하지 못합니다. 이런 새로운 습관을 들이려면 인내심이 필요합니다. 수련의 핵심은 '잠깐씩, 여러 번' 반복해야 한다는 사실을 유념하는 것입니다. 평온하고 명료하며 편안하면서도 깨어 있는 상태가 되더라도 보통은 얼마 가지 않습니다. 우리에게 필요한 것은 질이지 양이 아닙니다. '훌륭한 명상가'라면 완전한 평온의 상태로 아주 오래 앉아 있어야 한다고 생각하는 사람이 많습니다. 하지만 실제 명상 수련 모습은 이와는 많이 다릅니다. 오랜 시간 명상하려고 하면 보통 산만함과 둔감함에 꽤 빠르게 빠져듭니다. 따라서 맑은 정신으로 주의 깊게 알아차리는 양질의 명상을 짧은 시간 수행하는 것이 훨씬 효과적입니다. 예를 들어 20~30분 정도의 과정이라면 3~5분 동안 명상하고 1분 남짓 쉬었다가 다시 같은 과정을 반복하는 식으로 진행하는 편이 더 효과적입니다. 맑은 정신을 유지하는 능력은 시간이 지나면서 서서히, 유기적으로 증가합니다. 이는 의

지력이 아니라 반복과 습관화를 통해 일어납니다.

또 하나 중요한 점은 너무 팽팽하지도 않고 너무 느슨하지도 않게 균형을 유지하는 것입니다. 너무 팽팽히 긴장하면 침착하고 이완된 편안한 상태에서 벗어납니다. 반대로 너무 느슨해지면 산만함에 빠집니다. 기타를 조율하는 것과 마찬가지지요. 최상의 소리를 내려면 줄이 너무 팽팽하지도, 너무 느슨하지도 않은 적당한 상태로 맞춰져야 합니다. 자신에게 맞는 적당한 지점은 시간이 지나면서 서서히 느끼게 됩니다. 이런 자연스러운 균형을 찾을 때까지 명상 수련을 여러 차례 조정해나가야 할 것입니다.

수련

주의 깊은 알아차림 상태를 유지하는 동안 때로는 동요와 둔감이 분명히 나타날 것입니다. 이는 개인의 잘못 때문이 아닙니다. 명상하는 거의 모든 사람에게 일어나는 일이니까요. 동요가 일어나면 몇 가지 방법을 써보면서 무엇이 자신에게 잘 맞는지 알아볼 수 있습니다. 예를 들어 몸의 긴장을 풀고 시선을 아래쪽으로 조금 내려볼 수 있습니다. 빛이나 조명이 너무 밝으면 커튼이나 블라인드를 치거나 조명 밝기를 조금 낮춰봅니다. 다리나 몸 전체를 숄이나 얇은 담요로 덮어봅니다. 짧게 휴식을 취하면서 앞으로 몸을 굽히는 등 가벼운 스트레칭을 하고 수련을 다시 시작해도 좋습니다.

둔감이 느껴지면 등을 조금 더 곧게 펴고 눈을 뜨고 시선을 조금 위로 올립니다. 옷을 한두 겹 벗고 창문을 열어 환기하고 할 수 있으면 방의 밝기를 높여봅니다. 또 짧은 휴식을 취하면서 자리에서 일어나 몸을 움직이거나 몇 분 동안 걷고 온 뒤 다시 명상을 시작합니다.

마음챙김 훈련하기

✦ · · ✦ · · ✦

몸의 마음챙김

척추를 곧게 편 상태에서 긴장 없이 몸이 이완된 편안한 자세를 찾습니다. 바닥에 앉거나 의자에 앉거나 누운 자세 모두 좋습니다. 마음을 편안히 하고 잠시 그 상태에 머무는 것으로 시작합니다. 생각을 내려놓고 의식을 몸에 둔 상태로 몇 분간 있습니다. 몸이 현실에 굳게 뿌리내린 상태, 외견상 견고함을 느낍니다. 평온하게 몸에 안착한 느낌이 들면 의식을 마음 본연의 명료성에 둡니다. 명료성을 의식하면서 계속 몸에 주의를 집중합니다. 눈은 감아도, 떠도 좋습니다. 평온하고 명료하며 편안하면서도 깨어 있는 상태를 알아차리려고 노력합니다. 마음이 흐트러졌음을 알아챌 때마다 몸의 현재성으로 조심스럽게 의식을 되돌립니다. 평온함이 너무 지루하거나 명료성이 너무 마음을 뒤흔드는 것 같으면 마음챙김 방향을 조정합니다. '잠깐씩 여러 번' 반복하는 원칙을 활용합니다.

감각과 감정의 마음챙김

앞에서처럼 몸에 의식을 내려놓고 잠시 머무는 것으로 시작합니다. 주의 깊은 알아차림이 감각과 감정세계를 에워싸게 합니다. 여기에는 온기와 냉기 같은 신체감각, 팽팽함, 느슨함, 흥분 같은 느낌이 포함됩니다. 특정한 감각이나 감정을 찾는 것이 아니라 그저 어떤 일이든 지금 일어나는 일에 주의를 기울이고 인식하면 됩니다. 계속해서 감각과 감정에 편안하게 자리한 상태에서 감정세계를 경험할 수 있게 해주는 본연의 명료성을 의식합니다. 의식이 편안하면서도 동시에 깨어 있는 상태가 되게 합니다. 마음이 산만해지면 감각과 감정을 알아차리면서 조심스럽게 주의를 돌립니다. 마찬가지로 '잠깐씩 여러 번' 원칙을 활용합니다.

내면 해독

생각과 감정의 마음챙김

이번에도 역시 몸에 의식을 내려놓고 잠시 머무는 것으로 시작합니다. 생겼다가 사라지는 생각과 감정에 의식을 두고 이를 알아차릴 수 있게 합니다. 대개 생각과 감정은 그와 연결된 일련의 생각과 반응으로 우리를 이끌어갑니다. 생각이 떠오를 때마다 그 생각에 관여하지 않고 계속 지금 이 순간을 인식하면서 머물도록 노력하세요.

생각과 감정에 빨려들지 않으면서 이들을 지켜보려면 아주 섬세하게 균형을 잡아야 합니다. 그저 오갈 뿐인 생각과 감정에 반응하지 않으면서 알아차립니다. 주의가 흐트러질 때마다 조심스럽게 마음챙김을 해 주의를 되돌립니다. 단순하게 접근하세요. 그저 짧은 시간 동안 지금 이 순간의 생각과 감정을 인식합니다. 흡인력이 너무 커서 수련에 방해가 되는 강한 판단이나 반응이 나타나면 잠시 멈추고 그것과 악수하면 됩니다.

저항하거나 억누르거나 다 들어주거나 무시하지 않으면서 개방적, 수용적으로 인식하는 방법으로 그런 판단이나 반응과 악수하세요. 아무 의도 없이 잠시 그 감정이나 반응과 함께 머뭅니다. 악수 연습을 마음챙김수련과 번갈아 수행하는 것도 아주 큰 도움이 될 수 있습니다.

———————— · ◆ · ————————

주의 깊은 알아차림이 더 강력해지면 생각과 감정은 방해 요인이라기보다 연습에 도움을 주는 요인이 될 수 있습니다. 예전에는 흔히 '훌륭한' 명상이란 방해하는 생각과 감정이 없는 평온한 상태라고 생각했습니다. 그런데 시간이 지나면서 사람들은 이 개념이 제한적이라는 사실을 깨달았지요.

이제는 생각과 감정이 의식이라는 하늘에 떠다니는 구름과 같은 것이며 거기에 저항하는 일이 마음을 어지럽힌다는 사실을 이해합니다. 생각과 감정이 있는지 없는지에 관계없이 깊은 평온은 방해받지 않는 의식 그 자체에서 발견됩니다. 이때 생각과 감정은 도우미 역할을 합니다. 우리는 생각과 감정에 방해받는 것이 아니라 오히려 그것에서 배울 수 있습니다.

가라앉히고 집중하기

◆ · · ◆ · · ◆

몸에 의식을 내려놓고 잠시 편안하게 휴식을 취하는 것으로 시작합니다. 호흡에 초점을 맞추며 의식이 호흡에 자리 잡게 합니다. 숨을 깊게 천천히 들이쉬고 천천히 내쉬면서 기도가 막힘없이 시원하게 열리도록 합니다. 이제는 평상시처럼 호흡합니다. 호흡을 조절할 필요는 없습니다. 숨을 들이쉬면서 공기가 몸 바깥에서 콧구멍을 통해 목으로 들어온 다음 폐로 이동하는 것을 알아차립니다. 그 과정 내내 호흡의 감각을 느낍니다. 숨이 완전히 몸 안에 들어올 때의 느낌을 알아차립니다. 폐에서 바깥으로 나가는 숨을 의식하면서 목을 거쳐 콧구멍으로 그리고 다시 공기 중으로 따라갑니다. 그 과정 내내 느껴지는 감각에 주목하세요. 숨이 완전히 몸 밖으로 나왔을 때 어떤 느낌인지 알아차립니다. 숨이 들어오고 나가는 과정을 지켜보는 동안 의식의 긴장을 풀고 편안히 지켜봅니다. 너무 팽팽하지도, 너무 느슨하지도 않게 균형을 유지하려고 노력하세요. 마음이 차분하면서도 명료하고, 편안하면서도 깨어 있는 상태가 되는 과정을 알아차리면서 의식이 호흡을 따라가게 합니다. '잠깐씩, 여러 번' 원칙을 활용하세요.

도움 없이 자리 잡기

앞에서처럼 몸에 의식을 내려놓고 잠시 편안하게 휴식을 취하는 것으로 시작합니다. 고요함과 알아차림의 편안한 느낌을 찾습니다. 이제 천천히 눈을 뜨고 마음 본연의 명료성에 주목합니다. 시야에 들어오는 어떤 물체도 응시하거나 초점을 맞추지 말고 초점을 넓게 두고 부드럽게 응시합니다. 특정한 물체에 초점을 맞추지 말고 현재성, 즉 지금 이 순간에 정착하려고 노력합니다. 다양한 감각, 생각, 지각이 오갈 것입니다. 관여하거나 반응하지 말고 그저 들어오고 나가는 감각, 생각, 지각을 인식하세요. 변화하는 느낌을 하늘에 떠다니는 구름처럼 받아들입니다. 명료하고 생각 없는 현재성 관점이 확고해지게 합니다. 처음에는 아주 잠깐씩 유지되고 마음은 집중된 상태에서 다시 흐트러질 것입니다. 마음이 다른 곳에 가 있음을 알아차리면 그저 조심스럽게 다시 현재성으로 데려옵니다. 이 수련에서는 생생함이 특히 중요합니다. '잠깐씩, 여러 번' 원칙을 수용하세요. 복잡하게 여길 것 없습니다. 마음이 평온하고 명료하며 편안하면서도 깨어 있는 상태로 지금 여기에 머무는 것입니다. 파노라마처럼 넓은 의식의 성질, 즉 명료하고 본래 안정된, 편안한 열린 상태를 알아차립니다.

· ◆ ·

골먼의 증명

여러 해 동안 명상을 해온 저는 시간이 흐르면 명상 중에 끼

어드는 생각이 점점 줄어들리라고 기대했습니다. 하지만 생각은 그저 계속 제 마음에 찾아올 뿐이었습니다.

그들은 언제나 거기에 있었습니다. '내가 명상을 너무 못해서 그런가 보다' 하는 생각도 들었습니다. 그다음 마음챙김의 순간이 왔습니다. 사실 '빌어먹을, 생각에 또 빠져 있었잖아!' 하고 자책하는 순간에 더 가까웠죠.

하지만 이후 린포체가 전하는 명상법을 배우기 시작했고 중요한 것은 생각 자체가 아니라 생각과 맺는 관계라는 사실에 주목하게 됐습니다. 마음챙김을 하는 동안 생각에 휩쓸리지 않으면서 생각이 지나가도록 내버려둘 수 있는 거죠.

생각을 보는 관점이 이렇게 바뀔 수 있었던 건 무엇보다 린포체에게서 "마음챙김에 경계 임무를 맡겨라!"라는 말을 들은 덕이 컸습니다.

이 말은 촉니 린포체라는 이름을 처음 사용한, 린포체 가문의 시조가 읊은 즉흥시의 한 구절에 나옵니다. 그리고 이 조언은 제가 명상을 처음 시작한 수십 년 전부터 현재까지 줄곧 적용되는 말임을 깨달았습니다.

대학에 다니며 처음 명상을 시작했을 때 저는 주로 만트라를 이용한 명상을 했습니다. 명상을 시작하면 아나나 다를까 마음이 꼬리를 물고 이어지는 생각에 빠져들었고 주의가 다른 곳에 가 있었음을 나중에야 알아차리고 다시 만트라에 초점을 맞췄습니다. 마음이 다른 데 가 있었음을 알아차린 그 순간이 바로 마음챙김이었습니다. 이런 마음챙김은 만트라에 집중한 상태를 유지하는 데 도움이 됐죠.

나중에 상좌부불교(上座部佛教, Theravada, 남아시아 지역에서 발전한 보수적이고 엄격한 불교 분파로 과거 '소승불교'라는 이름으로도 불림_옮긴이) 방식의 통찰 명상을 배웠는데 마음챙김이 수련의 명확한 한 부분이었습니다. 저는 예전처럼 호흡을 지켜보면서 만트라에 집중했고 마음이 집중 상태에서 벗어났음을 알아차리면 다시 의식을 호흡에 집중했습니다. 이것이 제가 시작 단계에 배운 주요 내용이었습니다. 그리고 이번에도 역시 이것이 마음챙김의 순간이었죠.

교육 과정 후반부에서는 생각과 감정에 휩쓸리지 않으면서 그것이 들어왔다 나가도록 내버려두는 법을 배웠습니다. 여기서는 마음챙김이 생각의 흐름에 휩쓸리는 순간을 알아차리는 역할을 했죠.

그로부터 시간이 더 흐른 뒤에야 저는 티베트 방식 수행으로 눈을 돌렸습니다. 처음에는 린포체의 아버지인 툴쿠 우르겐 린포체에게 배웠고 그가 세상을 뜬 뒤로는 그의 아들들인 초키 니마(Chokyi Nyima), 초클링(Chokling), 밍규르, 촉니 린포체에게 배웠죠. 여기서는 마음챙김의 쓰임이 조금 달라집니다. 알아차림 상태를 유지하려고 더 열심히 노력하는 대신 알아차림 자체에 머물면서 유심히 훑어보는 (scanning) 방법이 등장하죠.

제가 명상이 스트레스 회복에 어떤 도움이 되는지 연구하기 시작한 1970년대만 해도 이런 명상법에 대한 과학적 기반이 빈약했지만 지금은 매우 탄탄합니다. 실제로 요즘에는 명상 전반과 마음챙김에 관한 논문(동료평가를 거친)이 매년 1,000편 이상씩 발표되고 있습니다. 제 오랜 친구인 데이비드슨과 저는 최근 이 분야에서 최고로 꼽히는 연구 결과를 요약한 책을 공동 집필했습니다.

그때 발견한 바에 따르면 호흡을 통한 마음챙김 명상법이 과학자들이 가장 많이 연구하는 주제인 듯했습니다. 호흡을 통제하려 하지 않고 들어오고 나가는 자연스러운 흐름에 주의를 집중한 채 그저 관찰하는 간단한 호흡 명상법의 수많은 장점을 정리한 견실한 연구도 있었죠.

단순히 호흡을 지켜보면서 생각이 들어오고 나가게(특히 나가는 데 강조점을 둡니다) 내버려두는 것만으로도 마음이 대단히 편안해진다는 사실은 과학 연구에서 다양한 방식으로 수없이 증명되었습니다. 티베트 불교에서 이런 방법은 사마타 또는 시내라고 불리며 마음을 진정하도록 해줍니다.

과학도 이런 진정 효과가 사실임을 입증합니다. 예를 들어 호흡에 의식을 두는 단순한 명상법을 수행한 사람은 일상생활에서 더 편안한 마음 상태를 유지하고 명상을 하지 않는 사람보다 더 빨리 화를 진정합니다. 또 이 명상법은 편도체를 진정해 투쟁-도피 반응을 덜 유발하는 효과도 있습니다.

그리고 여러 해에 걸쳐 더 긴 시간 동안 이런 마음챙김 수련을 실천하면 덜 반응적인 상태가 됩니다. 골치 아픈 사건으로 속상해하는 일도 훨씬 드물어지죠. 만약 감정이 촉발돼 화가 나더라도 그 강도가 예전보다 훨씬 약해집니다. 그리고 아마도 가장 큰 효과는 예전보다 훨씬 빠르게 흐트러진 마음을 회복한다는 데 있을 겁니다. 심리학에서는 마음이 흐트러진 상태에서 진정된 상태로 얼마나 빨리 회복하는지가 '회복탄력성'을 규정합니다. 즉, 더 빨리 회복될수록 회복탄력성이 더 큰 거죠.

의식의 초점을 호흡에 두면 다른 이점도 있습니다. 예를 들어 스탠퍼드대학교의 한 연구는 중요한 프로젝트에 몰두하다가 문자나 이메일에 답장하려고 잠시 일을 멈추면 결국 인터넷 서핑을 하게 되고 작업 중이던 프로젝트로 다시 돌아왔을 때 이전보다 집중력이 흐려진다는 사실을 발견했습니다. 집중력을 이전 수준으로 끌어올리려면 시간이 좀 걸리죠. 그런데 만약 그날 한두 차례 호흡에 집중하면서 10분씩 명상을 했다면 집중력 손실이 거의 혹은 전혀 없었을 겁니다.

캘리포니아대학교 샌타바버라캠퍼스에서도 호흡 명상의 추가 이점이 발견됐습니다. 이 대학에서는 학생을 임의로 호흡 명상 수업에 배정했습니다. 명상을 배운 학생 중 대학 4학년생은 대학원 입학시험에서 대조군 학생보다 훨씬 좋은 점수를 받았습니다. 마음챙김이 배운 것을 기억하는 데 매우 중요한 작업기억(working memory)을 향상했다고 추정됩니다.

한편으로 이런 유의 명상 수련을 이제 막 시작하려는 사람에게는 경험에서 우러난 조언을 하나 전하고 싶습니다. 명상을 처음 시작한 사람은 종종 마음이 끊임없이 방황한다고 불평합니다. 심지어 명상을 도저히 못하겠다고 결론짓기도 하고요. 그들이 이렇게 호소하는 이유는 마음이 너무 소란스러워서입니다. 저 역시 그랬습니다.

사실 이건 좋은 신호일지 모릅니다. 마음에 들고 나는 생각과 느낌에 집중하기 시작할 때, 다시 말해 처음으로 마음 챙김을 했을 때 비로소 평소 내 마음이 얼마나 산만했는지 알게 됩니다. 이는 마음을 더 잘 의식해, 방황하는 마음을 길들이는 첫걸음이죠. 중요한 점은 꼬리를 물고 이어지는 생각을 따라가지 않고 생각이 떠올랐다가 사라지도록 그저 내버려두는 것입니다.

더 명료해진다는 것도 명상으로 얻을 수 있는 혜택 중 하나입니다. 이는 3개월 동안 명상 수련회에 참여해 하루 6시간 이상씩 수련한 사람을 대상으로 한 연구에서 확인됐습니다. 참가자들은 호흡 명상과 더불어 자애와 평정심을 기르는 훈련을 했고 수련 기간 동안 그리고 수련이 끝난 뒤 여러 차례 테스트를 받았습니다. 서로 다른 길이의 선이 매우 빠른 속도로 연속적으로 제시되는데 더 짧은 선이 나오면 버튼을 누르는 방식이었습니다(짧은 선은 10개 중 1개꼴로 등장했습니다).

긴 줄이 나왔을 때 버튼을 누르려는 반사적 충동을 멈추는 것이 관건이었죠. 그런데 수련이 진행될수록 참가자들은 일반적인 충동 억제 테스트에서도 점점 더 좋은 결과를 얻었습니다. 충동에 대한 이런 저항은 불안 감소, 전반적인 행복감, 분노 상태에서의 더 빠른 회복과 함께 확인됐죠. 가장 인상적인 부분은 이런 개선 효과가 수련을 마치고 몇 달이 지난 뒤까지 지속됐다는 점일 겁니다.

여기에는 '용량 반응(dose response)' 역학이 작용합니다. 더 많이 할수록 효과가 더 강력해지는 겁니다. 이 사실은 과학적으로 다양하게 입증됐습니다. 예를 들어 한 연구에서는 위파사나(vipassana, 觀, 일상적인 활동과 마음을 관찰하고 그 관찰을 통해 깨달음을 얻는 수행법_옮긴이)에 정통한 명상가들이 온종일 명상을 한 다음 날 실험실에서 스트레스 테스트를 받았습니다. 이들은 스트레스가 주어졌을 때 주요 스트레스 호르몬인 코르티솔이 명상을 안 한 사람보다 적게 증가했죠.

또 화재 피해자들의 사진처럼 고통스러운 사진을 보며 뇌 스캔을 했을 때 숙련된 명상가들의 편도체 반응성이 훨씬 낮았습니다. 이런 반응성 감소는 편도체와 감정 반응을 담당하는 전전두피질 사이 연결이 더 강해진 데서 비롯됐습니다.

호흡 명상 기초 단계만 실시한 사람에게서는 연결 강화나 반응성 감소가 나타나지 않았지만, 수련을 계속하면 편도체와 전전두피질 연결이 강화되어 스트레스에 대한 감정적 반응성이 낮아지는 것으로 보입니다. 숙련된 명상가 중 가장 노련한 사람과 가장 미숙한 사람을 비교했을 때 평생에 걸친 수행 시간이 길수록 편도체가 스트레스에서 더 빨리 회복됐습니다.

그런가 하면 DNA 연구에서 전문가의 예상을 뒤엎은 발견도 나왔습니다. 게놈 과학자는 인간의 DNA 변화가 환경이나 식단의 영향으로 나타날 수는 있어도 명상 같은 정신적 훈련의 결과로 나타나지는 않는다고 생각했죠. 하지만 그렇지 않았습니다.

연구가 이뤄지기 전 게놈 전문가는 명상이 인간 유전자에 유효한 영향을 미친다는 의견이 잘 몰라서 하는 순진무구한 발상이라고 일축하기도 했습니다. 이후 데이비드슨 연구 팀은 숙련된 명상가에게 온종일 명상을 하게 한 뒤 명상하기 전날과 명상한 다음 날 그들의 유전자 활동성을 조사했습니다.

배경을 좀 설명하면 생물학적으로 우리에게 일어나는 일은 우리 몸에 어떤 유전자가 있는지가 아니라 그 유전자가 발현되는지 여부가 결정합니다. 이 연구에서 표적으로 삼은 유전자는 모두 몸의 염증 반응과 관련된 역할을 합니다. 이런 유전자가 수년 동안 발현돼 활성 상태를 유지하면 관절염, 당뇨, 심혈관 질환을 비롯해 만성적 경도의 염증이 부분적인 원인으로 작용하는 여러 질병에 걸리기 쉽죠.

이런 염증 유전자를 '하향 조절'할 수 있다면, 즉 활성화 되지 않게 할 수 있다면 어떨까요? 이게 바로 데이비드슨 연구 팀이 위파사나 명상을 오래해온 숙련자에게 8시간 동안 명상을 하게 한 뒤 발견한 현상이었습니다(이들의 평생에 걸친 수련 시간은 6,000시간대였습니다). 게놈 전문가가 '순진무구한' 발상이라고 지적한 것이 알고 보니 사실이었음이 밝혀진 거죠.

다른 몇 가지 연구도 명상이 유전자에 유익한 효과가 있다고 말합니다. 예를 들어 마음챙김 명상 초보자는 외로움을 덜 느낄 뿐 아니라 염증성 유전자의 활동성이 낮아졌다는 사실이 밝혀졌습니다. 외로움이 염증성 유전자의 활동을 증가시켜 외로움을 느끼면 몸에 염증이 생길 위험이 더 커지는 것이지요.

따라서 주변 누군가가 다른 유용한 일을 할 수 있는 시간을 명상으로 낭비한다고 말하면 우리가 하는 일은 정신 운동이라고 말하세요. 명상을 하는 것은 헬스클럽에 가는 것과 마찬가지입니다. 단지 몸 대신 마음을 단련한다는 점이 다를 뿐이죠.

7장

내면 깊이 머물기
삶의 통찰력을 얻는 법

린포체의 가르침

마음이 명료성에 정착하고 점점 더 자주 그렇게 할 수 있음을 알게 되면 여정의 종착지에 다다랐다고 생각할 수도 있습니다. '명상에서 얻고 싶었던 것을 이미 얻었어' 하고 말입니다. 우리가 가치 있는 뭔가를 성취했음은 분명합니다. 산만하게 요동치던 마음은 한결 평온하고 명료해졌지요. 하지만 우리는 마음의 내적 잠재력을 이제 열기 시작했을 뿐입니다. 본질적 사랑을 이용해 감정세계를 치유하고 관계를 건강하게 만들 수 있듯이 우리는 '상위 시각(superior vision)'

또는 '탐구(inquiry)'라는 의미의 위파사나라고 불리는 명상
으로 더 평온하고 명료해진 상태를 이용해 통찰력을 연마
할 수 있습니다. 이 수련법은 불교의 모든 종파에서 널리 사
용하며 소중히 여기는 전통이지요.

평온과 통찰은 이 내면 탐구에 함께 작용합니다. 평온과
통찰의 변혁적 효과를 논할 때는 잡초를 베는 것과 뽑는
것을 비교한 유추가 도움이 됩니다. 평온은 잡초를 베는 것
과 같습니다. 반면 통찰은 뿌리까지 완전히 뽑아내는 것이
지요. 평온(잡초를 베는 것)의 현재 상태는 빈약합니다. 적당
한 조건만 갖춰지면 마음이 언제든 다시 혼동, 소란, 고통
스러운 감정에 빠져들 수 있기 때문입니다. 평온을 얻으면
서 우리는 소중한 도구를 찾았지만 그 아래 있는 근본 원
인을 다루지는 못했습니다. 그러려면 더 깊은 이해가 필요
하지요.

제 전통에서 통찰 수련의 핵심은 실체화(reification, 구체화,
물화, 물상화)를 이해하는 것입니다. 실체화는 사물과 상황을
본래보다 더 사실적이고 구체적으로 만드는 경향입니다. 저
는 여기서 실체화라는 표현을 단단히 굳히는 것(solidifying)
또는 고정된 실체를 부여하는 것이라는 뜻으로 사용하고
있습니다. 그럼 우리는 무엇을 실체화할까요? 모든 것을 실

체화합니다! 마음이 실체화할 때 우리가 경험하는 모든 것을 그 렌즈를 통해 바라보게 됩니다. 실체화는 꿈을 현실이라고 믿는 것과 같습니다. 꿈이 진짜라고 믿으면 좋은 꿈에 기분 좋아 신나하고 나쁜 꿈에 무서워하고 화를 낼 수 있지요. 우리는 하루 종일 우리가 가진 기억, 생각, 환상으로 이와 똑같은 행동을 하고 있습니다.

우리는 주체인 '나'와 주변 세상을 대상(object)으로 경험하면서 인식을 자동으로 실체화합니다. 이런 실체화 습관은 우리 존재 깊은 곳에 고정된 경향이 됐습니다. 문제는 실체화가 정신적, 육체적 긴장을 초래한다는 점입니다. 그러면 심각한 불안, 두려움, 완고함, 중압감, 경직성, 걷잡을 수 없는 기분, 신경과민 등의 문제를 겪게 되지요. 긴장은 기쁨과 즐거움, 순조로운 흐름을 망쳐놓습니다. 모든 것을 너무 심각하게 받아들이고 큰일이 난 것처럼 생각합니다. 실체화를 더 많이 할수록 마음을 편히 먹고 웃어넘기고 열린 마음을 갖기가 더 힘들어집니다. 따라서 자신과 세상을 덜 실체화된 방식으로 경험하는 것이 도움이 됩니다.

나의 모든 것

특히 우리는 자의식(sense of self)을 실체화합니다. 어떤 친구들은 음식이나 자연, 예술, 스포츠에 푹 빠져 온통 그 생각만 하며 사는데, 제 전통에서는 자아에 사로잡혀 지냅니다. 우리는 자신에 관해 생각하고 연구하고 명상하지요. '왜 그렇게 자기 자신에게 집착하나요? 그냥 거기 있는 것 뿐인데. 그러니 그냥 잊어버려요!' 하고 생각할지도 모르겠네요. 건전하지 못한 방식으로 자기 자신을 실체화하고 집착하는 데는 많은 불필요한 고통이 따릅니다. 하지만 자신을 실체화하는 것은 습관일 뿐입니다. 역사가 오래된 고집스러운 습관이지요. 그런데 다행히 다른 모든 습관과 마찬가지로 이것도 바꿀 수 있습니다.

물론 우리 각자의 내면에는 고유한 마음의 흐름이 있습니다. 제 몸은 당신의 몸과 똑같지가 않지요. 제 기억과 생각도 당신의 기억이나 생각과는 다릅니다. 문제는 실체화하는 경향이 강력한 주인의식과 정체성에 고정될 때 시작됩니다. 나(me)와 내 것(mine)이 너무 중요해지는 것입니다. 이럴 때 사람과 사물은 그 자체의 특성이 아니라 내게 어떤 도움이 될지, 내가 무엇을 얻는 데 도움이 될지로 평가됩니다.

자아는 우리 자신과 다른 사람에 대한 많은 희망과 두려움, 집착(grasping), 비현실적 기대의 중심이 됩니다. 그러면 일은 점점 더 건강하지 못한 방향으로 흘러가지요. 아집(self-grasping, 자기집착)이 더 강해질수록 분노, 질투, 불안, 자존심 같은 감정도 더 커집니다.

자아를 실체화하는 습관은 미묘한 오해에서 비롯됩니다. 우리는 실제로 존재하지 않는 몸과 마음에 특성을 부여합니다. 뭔가 신뢰할 수 있는 확실성과 지속되는 안정성이 있어야 한다고 생각하지요. 몸과 마음이 다른 사람과 사물에 의존하지 않고 독립적이어야 한다고 생각합니다. 얼마 동안은 이런 환상이 계속될 수 있으며 우리는 이를 현실로 받아들입니다. 그러다 병에 걸리거나 인생에서 힘든 일을 겪으면 마음이 다시 격동하지요. 몸이 엉망진창이 되고 마음이 스트레스로 인해 격해지거나 슬프고 힘들어지면 늘 그래왔던 본모습을 우리에게 보여줍니다. 몸과 마음은 자전거나 자동차처럼 언제든 고장 날 수 있는 부품의 집합인 것입니다. 이런 본연의 불확실성에 익숙해지면 회복탄력성은 더커집니다. 우리가 이해하는 바가 실제 현실과 더 가까워지기 때문이지요. 우리가 본성을 더 정확히 이해하면 기대도 더 현실적이고 건강해집니다.

제 전통에서 흔히 언급되는 가르침은 무아(selflessness, 無我)입니다. 이 용어를 확대해석해 오해하는 경우가 많은데 무아는 인간으로서 실재성이 없다는 뜻이 아닙니다. 즉, 자의식이 아예 없는 것이 아니지요. 무아는 텅 빈 것 같은, 허무주의적인 완전한 부재는 아닙니다. 자아의 진정한 본성을 더 깊이 깨닫는다고 사람이 냉동 야채나 차가운 대리석 조각상이 되진 않습니다. 부처처럼 무아의 경지를 체득한 사람에게 "어디 가십니까?"라고 묻는다고 그들이 "그게 무슨 뜻이지요?"라고 말하지는 않을 것입니다. 그건 어리석은 말이지요. 부처는 대단히 기능적인 분이었습니다. 아마 우리 상상보다 훨씬 더 그랬을 것입니다. 부처는 관습이 무엇인지와 이를 활용하는 법을 알았으며, 그 한계와 한계를 초월하는 법도 알고 있었습니다.

무아는 모든 사람이 품고 있는 자의식이 견고하거나 진정으로 실재하지 않는다는 뜻입니다. 자의식은 교활하고 믿을 수 없으며 꿈과 비슷합니다. 내면에서 자아를 찾으면 뭔가가 느껴질지 모르지만 그렇다고 자아가 고체 물질처럼 실제로 존재하는 물질이라는 뜻은 아닙니다. 우리 자신이 몸과 마음에 바탕을 두고 있는 것처럼 느껴질지도 모릅니다. 아니면 영원히 사라지지 않는 영혼처럼 독립적인 뭔가라고 생각할지도 모릅니다. 하지만 우리가 실제로 몸과 마음을 살피면서 나라는 존재를 찾으려 하면 찾을 수가 없습니다. 몸과 마음은 끊임없이 변합니다. 몸과 마음은 상호의존성의 거미줄에 얽히고설킨 수많은 작은 부분과 기능으로 이뤄져 있습니다. 자의식 역시 계속 변합니다. 그저 오고 가지요. 우리는 다양한 상황(예를 들면 우리와 함께하는 사람)에 맞춰 다양한 정체성을 형성하고 바꾸고 지웁니다. 우리는 부모나 자식, 교사나 학생, 주는 사람이나 받는 사람, 융통성 없는 사람이나 유연한 사람이 될 수 있습니다. 또 우리를 되비쳐 보여주는 사람이 누구인지에 따라 연약함을 느끼거나 강력한 힘과 권한을 느끼고 불안해하거나 안심하지요. 이처럼 자의식은 언제나 끊임없는 변화 속에 있습니다.

네 가지 나(I)

그럼 '자아(self)'란 무엇일까요? 자의식은 의식 속에 생겨났다 사라졌다 하는 습관(habit)입니다. 습관은 관찰자, 즉 우리 경험의 중심에서 그것을 인식하고 있는 사람의 감각이 실체화한 것입니다.

자동차를 예로 들어보겠습니다. 지금 자동차 한 대가 보입니다. 바로 우리 앞에 있지요. 우리는 그 차에 올라타 몰고 다닐 수 있습니다. 그런데 만약 우리가 자동차를 분해하면 문, 엔진, 차축, 바퀴, 타이어 등등 수많은 부품이 눈앞에 수북이 쌓일 겁니다. 그럼 '자동차'는 어디로 갔을까요? 여기서 자동차가 부품의 집합인 추상적 개념임이 드러납니다.

자아도 이와 같습니다. 자아라는 말은 여러 부분으로 구성된 개념적 '독립체'를 실용적으로 묘사하는 분류명이지요. 자아의 경우 몸, 감각, 지각, 정신 구조, 의식이 그 부품입니다.

제 전통에서 자기에 대해 말하고 생각하는 방식은 여러 가지입니다. 저는 보통 '네 가지 나'라고 불리는 간단한 이론적 틀을 사용해 설명합니다. 이 틀은 제가 여러 자료를 종합한 내용에 일관성 있는 이름을 붙여 만들었습니다. 네 가지 나는 자아감이 건강한 방식과 건강하지 못한 방식 모두에서 어떻게 기능하는지 더 명확히 알아보는 데 도움이 될 것입니다.

순전한 나(Mere I)

자의식이 교활하고 믿을 수 없고 꿈같고 변덕스럽고 상호 의존적이라면, 어떻게 해야 자의식과 적절한 방식으로 관계를 맺을 수 있을까요? 순전함(mereness)으로 맺으면 됩니다. 순전함은 실체화의 반대말입니다. 들고 있기 적당하게, 가볍게 잡은 상태입니다. 티슈 한 장을 들고 있어야 하는데 쥐어짜듯 너무 꽉 잡으면 안 되겠지요. 그저 가볍게 들고 있으면 됩니다. 자아감은 그저 여기 있는 것처럼 느껴질 뿐입니다. 경험 대상은 그저 거기 있는 것처럼 느껴질 뿐입니다. 자아감은 그저 다양한 감각과 생각을 경험할 뿐입니다. 그리고 그저 앞으로 있을 계획을 기억할 뿐이지요. 또 나는 여기 있는 것처럼 느낄 뿐입니다. 우리는 거기에 고정될 필요가 없습니다. 꿈은 견고해지나 실현되지 않고 그저 나타날 뿐입니다. 거울에 비친 모습이나 신기루도 그저 나타날 뿐이지요. '순전한 나'는 자아감이나 변화하는 경험과 관계 맺는 건강한 방식입니다. 순전함이 있으면 현실과 함께 움직이면서 막힘없이 자유로워질 수 있습니다. 자연 그대로의 현실과 부조화하는 것이 아니라 조화를 이루지요.

모든 것은 계속해서 움직이고 변합니다. 이것이 진실입니다. 이 진실을 알면 열린 마음, 융통성, 유연성이 조금 생기면서 실체화하는 경향이 완화될 것입니다. 그러면 만물이 서로 연결돼 있고 서로 의존한다는 깨달음이 서서히 들지도 모릅니다. 몸과 마음이 완전한 일체가 아니라 부분의 집합이라는 사실이 눈에 들어오면 유동성과 다원성을 받아들이게 됩니다. 군이 설명을 만들어내거나 우리가 생각한 우리 자신에 끼워 맞출 필요 없이 더 많은 경험이 자유롭게 오고 가도록 허용할 수 있습니다.

저는 때때로 이를 '아름답고 기능적인 순전한 나'라고 지칭하기도 합니다. 이런 나가 아름다운 이유는 반발 작용으로 반응하는 것이 아니라 즉각적인 대응으로 반응하기 때문입니다. 이런 나는 가볍고 유쾌하며 감상적이지 않은 건강한 방식으로 사랑을 주고받을 준비가 돼 있습니다. 순전한 나는 유연하고 단순하며 그 안에는 기본적인 '다 괜찮음'이 자리합니다. 실체화하거나 자신을 위하려는 숨은 의도에 좌우되지 않습니다. 순전한 나는 현실감이나 본질적 사랑과 마찬가지로 건강한 인간의 본향이지요. 순전한 나와 연결되려면 내려놓는 법을 배워야 합니다. 순전한 나는 우리가 돌아와 온전한 분별력을 찾고 긴장을 해소하고 개방성과 연결될 수 있는 존재 방식입니다.

실체화된 나(Reified I)

순전한 느낌을 인식하지 못할 때 실체화가 살금살금 들어옵니다. 자의식은 아주 단단한 물체처럼 더 굳어집니다. 저는 이를 실체화된 나라고 부릅니다. 우리 자신과 우리가 하는 경험, 경험자와 인식 사이의 명백한 분리가 경직되고 뚜렷해집니다.

'오늘 아침에는 몸이 약간 불편하고 불안한 느낌이네. 음, 기분이 이상해서 그런지도 몰라. 기분이 어떻게 변하는지 두고 보자' 하고 관찰하는 대신 '오늘은 끔찍한 날이야! 진짜 끔찍한 상황이군! 다들 내 의견에 반대하잖아!'와 같은 식으로 인식을 실체화하지요.

우리가 사는 이 세계는 나와 남, 이곳과 그곳으로 갈수록 분열되고 있습니다. 실체화가 계속되면서 모든 것이 너무 긴장된 상태지요. 세상을 모든 것의 상호의존적 작용으로 보지 못하고 나 본연의 아름다움과 유연성을 잃은 채 내면을 계속 더 꽉 조이고 있습니다. 이렇게 점점 더 굳어지면 본질적 기쁨과 내적 평안함을 잃을 수도 있습니다. 결국에는 자기중심성이 형성되지요.

실체화된 나에게는 뚜렷한 차원과 미묘한 차원이 있습니다. 뚜렷한 차원에서 실체화된 나는 온갖 종류의 것을 물고 늘어집니다. 상황과 인간관계를 긴장시키고 무겁고 심각하게 만들지요. 이를 악물고 이마를 잔뜩 찌푸린 표정을 한번 상상해보세요. 약간 과장되기는 했지만 이런 표정은 실체화된 나의 태도를 보여줍니다. 미묘한 차원에서 실체화된 나는 상황에 대한 믿음이 조금 지나칩니다. 지나가는 경험의 흐름을 얽매임 없는 편안함, 기쁨, 유희와 연관 짓기보다는 실체화하고 고착화하지요. 한층 긴장된 미소를 띠고 어지간해서는 잘 웃지 않게 합니다. 실체화된 나는 성공과 투쟁, 상승기와 침체기를 확고하게 나눕니다.

사람들은 흔히 실체화가 없으면 아무것도 제대로 기능하지 못한다고 오해합니다. 이는 명확히 바로잡을 필요가 있습니다. 우리는 이렇게 생각할지 모릅니다. '진지해질 필요가 있어. 자기지향적 태도로 아주 진지하게 임하지 않으면 아무것도 할 수 없어.' 그러나 현실은 고정돼 있지 않습니다. 모든 것을 고정해놓으려 하면 움직임도, 막힘없는 자유로움도 없습니다. 이 사실을 머리로는 이해할지 모르지만 우리는 일찍부터 안전한 기분을 느끼려면 상황이 고정되는 편이 좋다고 배웠지요. 그러다 보니 고착화하는 습성이 서서히 너무 심해져 더 큰 고통을 불러왔습니다. 이제는 놓아보내야 한다는 것을 알면서도 어떻게 하면 좋을지 알지 못합니다. 다름 아닌 병적 집착, 즉 실체화된 나 때문입니다.

궁핍한 나(Needy I)

궁핍한 나는 우리가 더 자기중심적이고 자기도취적이 돼감에 따라 실체화된 나에서 발전합니다. 궁핍한 나는 순전한 나나 실체화된 나보다 알아보기가 더 쉽습니다. 우리가 보통 이기적이거나 애정에 굶주린 행동이라고 여기는 것이 바로 궁핍한 나에서 비롯된 행동이지요. 순전한 느낌을 잃어버리면 우리의 본질인 현실감, 개방성, 자유, 유동성, 유희와의 연결이 끊어집니다. 실체화된 나는 기쁨과 유쾌함을 느끼지 못하고 경직돼 있지요. 뭔가를 잃어버렸다고 느끼지만 이를 잘못된 방식으로 해결하려고 합니다. 실체화된 나가 문제임을 알아보지 못하고 실체화된 나에 뭔가 부족한 게 있다고 오해해 사랑, 수용, 소유, 지위 등 그게 무엇이 됐든 그걸 찾아 열중하려고 애씁니다. 우리는 자기 자신과 자신의 연약한 에고의 수호자가 됩니다. 자기애(self-cherishing)는 근본적으로 나만을 위한 행복을 추구합니다.

현실에서 인간의 행복은 상호의존적입니다. 이 말은 우리가 서로의 행복을 돌봐야 한다는 뜻입니다. 하지만 자기애적 나의 모습이 발현되면 자기 자신의 행복만을 돌보고자 하는 욕구가 듭니다. 이런 욕구는 충족될 수 없습니다. 우리의 행복은 다른 사람에게 달려 있으니까요. 자기 자신만을 위해 살면 너무 외로워집니다. 이런 내가 발현됐다는 가장 중요한 신호는 자신만의 행복을 이기적으로 추구하는 태도입니다.

사회적인 나(Social I)

사회적인 나는 다른 사람의 인식에 우리에 대한 특정 양식이 있음을 아는 데서 비롯됩니다. 다른 사람은 정신적 이미지로 우리를 평가하고 우리에 관한 견해를 형성하고 우리를 판단하지요. 사람들이 우리를 좋아해 인기가 있을 수도 있고 싫어해 인기가 없을 수도 있습니다. 사회적인 나는 이에 대한 이해, 이로 인한 불안함과 즐거움, 이를 관리하려하는 시도와 관련이 있습니다. 산에 들어가서 혼자 살지 않는 한 모든 사람이 여기에 대처해야 합니다. 사회적인 나의 본질은 긍정적이거나 부정적이지 않습니다. 사회적인 나는 순전한 나, 실체화된 나, 궁핍한 나를 표현할 수 있습니다. 사회적인 나 뒤에 순전한 나가 있다면 그런 특성과 노는 법만 알면 아주 유용할 수도 있습니다. 사회적인 나는 순전한 나와 유머를 활용해 노는 법을 배우면 아주 재밌어지기도 하거든요. 자기애적 나의 영향이나 의도가 없다면 사회적인 나에 이타주의와 연민이 가득할 수도 있지요. 그러면 사회적인 나가 많은 사람을 도울 수 있습니다.

저는 달라이 라마가 매우 건강한 사회적인 나의 예라고 생각합니다. 물론 달라이 라마는 사회적인 나를 발달시킬 수밖에 없는 상황 속에 있습니다. 그는 중요한 위치에서 일을 수행하면서 전 세계 수많은 사람과 만나 '달라이 라마'로서의 사회적인 나를 거의 온종일 사용하며 지냅니다. 그런데도 그는 아주 유명한 달라이 라마가 되길 꿈꾸지 않는다는 말을 자주 합니다. 그는 소박한 승려가 되고 싶어 합니다. 이는 사회적인 나의 바탕에 실체화된 나가 아니라 순전한 나가 자리함을 보여줍니다. 그는 자기 방으로 돌아가면 사회적인 나를 내려놓고 순전한 나로 돌아올 수 있는, 매우 소박하고 건강한 삶을 살고 있습니다. 그는 실체화된 나에 갇혀 있지 않습니다. 달라이 라마 같은 본보기는 일반인이 지금 당장은 성취하기 힘든 대단히 높은 경지입니다. 하지만 이런 예는 목표할 지향점을 제공해주지요.

반면 실체화된 나가 자기애적 나로 발전하면 사회적인 나에 문제가 생깁니다. 인정, 인기, 찬사, 명성 같은 것을 바랍니다. 또 평판을 걱정하기 시작합니다. 사회적인 나를 관리하는 일은 힘들며 불안감이 클지도 모릅니다. 요즘 저는 소셜 미디어가 사회적인 나에게 큰 스트레스를 줄 수 있다는 점을 염려하고 있습니다. 이는 모두에게 영향을 미치지만 특히 소셜 미디어에서 많은 시간을 보내는 젊은이에게 더 큰 영향을 주지요.

영속성, 특이성, 독립성

일반적으로 우리는 흔히 자신에게 영속성이 있고 자신은 단 하나밖에 없는 통일체이며 독립된 상태라고 느낍니다. 이런 추측에서 실체화하는 습관(혼돈의 뿌리)이 생겨나지요. 우리는 실재하지 않는 자의식과 인식의 대상에 특성을 부여합니다.

영속성이라고 하면 왠지 웅장하고 낯선 느낌이 들기도 합니다. 마음 한구석에서는 사실 모든 것이 무한하지는 않다는 점을 알고 있기 때문입니다. 그렇지만 우리는 몸이 끊임없이 변하듯 마음이 끊임없이 변하며 기분도 변하고 있다는 것을 잊어버립니다. 모든 것은 흐르고 변화합니다. 마음과 물질의 기본 구성 요소는 끊임없이 발생했다가 중단되고, 나타났다가 사라지고, 생겼다가 없어집니다. 현실은 우주에 놓인 움직임 없는 물체의 집합이라기보다는 반짝이며 흐르는 강에 더 가깝습니다. 그런데 이 사실을 잊어버리면 감정의 무게가 너무 무거워지지요. '내 기분은 이래. 난

항상 이런 기분으로 살 거야' 하고 생각하면서요. 그래서 일이 뜻대로 되지 않으면 세상이 끝난 기분이 들기도 합니다.

하지만 이런 끊임없는 변화를 계속 인식하면서 지내면 더 넓은 관점에서 상황을 볼 수 있고 '이 또한 지나가리라'는 것을 떠올릴 수 있습니다. 지속되는 변화를 마음 깊이 받아들임으로써 세월의 부침에도 흔들림 없이 감정 균형을 유지할 수 있지요.

사물을 단 하나(singular)로 받아들인다는 것은 많은 부분의 집합이 한 가지 물건이라고 생각한다는 뜻입니다. 저는 이런 사고를 '한 덩어리로 생각하기(lumping)'라고 부릅니다. 우리는 몸이 한 덩어리고 자기 자신도 한 덩어리고 우리가 인식하는 물체도 각각 한 덩어리라고 생각하지요. 이런 사고는 여러 문제를 유발합니다. 예를 들어 몸, 느낌, 마음, 자의식은 사실 서로 다른 경험의 흐름입니다. 그런데 우리는 보통 이들을 하나로 묶어 '나'라고 지칭합니다. 그럼 그중 하나의 상태가 별로 좋지 않을 때 전체에 문제가 있는 것처럼 느껴집니다. 우리는 그런 경험 사이와 주위 공간을 잃어버려 답답함을 더 많이 느낍니다. 또 한 가지 문제는 다른 사람과 그들의 감정을 한 덩어리로 묶어 생각하는 데서 비롯됩니다. 누군가에게 어떤 안 좋은 감정이 찾아들면 우리는 그 감정이 일시적으로 그 사람을 지배하고 있다고 이해하기보다는 '저 감정이 저 사람이다' 하고 단정 짓지요. 그러고는 그 사람의 본성이 아닌 일시적 감정에 원한과 편견을 품고 '나쁜 사람이군' 하고 비난합니다.

마지막으로 독립성이 있습니다. 독립적이라는 개념은 모두가 좋아하지요. 독립성은 이상적인 좋은 품성처럼 느껴집니다. 우리는 자의식에 독립성을 부여해 '나는 독립된 존재야. 아무도 필요 없어!' 하고 생각합니다. 거기에 자부심을 느끼기도 하지만 금세 쓸쓸한 자부심이 돼버립니다. 이는 일종의 오해일 뿐 현실에 근거한 것이 아니거든요. 우리는 다른 사람을 포함한 인식 대상에도 독립성을 부여하고 그들이 각자의 몸, 발언, 마음을 통제할 자유가 있다고 생각합니다. 하지만 실제로는 자아감을 포함해 그 어떤 것도 진정으로 독립돼 있지 않습니다. 이 세상 모든 것은 상호의존적이지요. 나무는 비, 공기, 흙, 햇빛, 수분을 도와주는 곤충에 의존합니다. 우리 몸은 생존을 위해 음식, 물, 공기를 비롯한 수많은 것에 의존합니다. 단순히 생존하는 것이 아니라 발전하고 번성하려면 훨씬 더 많은 조건에 의존해야 하지요. 즉, 모든 것은 아주 많은 것과 연결돼 있습니다.

끊임없는 변화, 다양성, 상호연결성

혼동의 뿌리는 집착이며 집착의 기반은 혼동입니다. 꼭 그래야 하는 것은 없는데도요. 자의식과 우리가 인식하는 대상은 재밌을 수 있습니다. 기쁨은 재미에서 나오지요. 이는 자연과 일치합니다. 나무, 바람, 산 등 모든 것이 즐겁게 놀고 있습니다. 꽉 움켜쥐거나 실체화하지 않으면서 상호의존적으로 놀이를 합니다.

그래서 마음을 편히 하고 공간과 개방성을 찾아야 합니다. 앞에서 설명한 오해의 반대는 끊임없는 변화, 다양성, 상호연결성입니다. 이 사실을 숙고하고 다짐하면 마음에 새기고 또 새겨 일상생활에서 균형감을 찾을 수 있습니다. 즉, 우리가 서로 연결돼 있고 서로 의지하고 있다는 사실을 기억할 수 있습니다. 또 아름답고 순전한 나로 돌아올 수 있지요. 단순하고 아름다운, 순전한 나의 관점에 설 수 있습니다. 모두 서로 연결돼 있고 모두에게 의존하기 때문에 모두를 사랑할 기회가 있지요.

수련

이제는 그동안의 모든 수련을 실체화 없이 순전한 나의 이해와 통합해야 합니다. 우리는 순전한 나에 의식을 내려놓는 법을 배울 수 있습니다. 견고함과 자기애의 마음이 나타나는 것이 보이면 몸으로 의식을 내려놓고 본질적 사랑을 찾습니다. 우리는 집착과 번뇌 없이 열려 있고 아름다운 순전한 나와 함께하는 본질적 사랑을 경험할 수 있습니다. 또 실체화와 악수할 수도 있지요. 빠른 에너지를 해결하고 순전한 나의 안정된 느낌을 찾을 수 있습니다. 마음을 가라앉히고 구체화 없이 명료성을 찾을 수 있습니다. 집착이 아닌 순전함에 대한 이런 인식은 우리가 실행하는 모든 것과 인식하는 모든 것에 스며들 수 있습니다.

명상 수련을 실체화해서는 안 됩니다. 소중한 명상법을 더 엄격히 수련할 수도 있지만 이는 긴장하고 판단하고 야망을 품는 오랜 습관을 영적인 길에 끌어들일 뿐입니다. 오히려 명상은 실체화, 집착, 긴장의 습관에 도전하는 장이 돼야 합니다. 영적인 길은 재미, 기쁨, 개방성, 사랑을 마음에 품는 피난처가 될 수 있습니다.

따라서 주요 수련은 순전한 나로 돌아가는 것입니다. 우리 경험에서 '네 가지 나'가 어떻게 발현되는지 이해하면 '이런, 지금 내 모습은 실체화된 나, 사회적인 나 혹은 궁핍한 나구나' 하고 깨달을 수 있습니다. 일상의 경험에서 이 네 가지 나를 분별할 필요가 있습니다. 순전한 나로 돌아오려면 어디가 막혔는지 이해하고 그것을 놓아 보내야 합니다.

◆ · · ◆ · · ◆

척추를 곧게 펴고 몸과 마음이 편안한 자세를 취하는 것으로 시작합니다. 몸에 의식을 내려놓고 통찰 명상 수련을 준비하세요. 내면의 감정세계와 연결합니다. 악수가 필요한 뭔가가 있다고 느껴지면 악수 연습을 먼저 합니다. 본질적 사랑과 연결될 수 있으면 그 사랑을 가슴과 몸에 가득 채워 넣습니다. 평온함과 명료함이 충분해진 느낌이 들면 지금 이 순간 어떤 '나'가 작동하고 있는지 알아차리려고 노력해봅니다. 그것을 자각하고 느끼고 명확히 확인하세요.

순전한 나로 돌아오려고 노력해봅니다. 불연속성과 상호의존성, 다양성을 떠올립니다. 상황이 꽉 막혀 있고 답답하며 엄격하고 심각해 보일지 모르지만 이런 생각은 계속 바뀌는 인식 그 자체입니다. 놓아 보내기 연습으로 놓아 보냅니다. 날씨가 어떻든 하늘은 여전히 열려 있으며 무엇에든 부응합니다. 몸, 감정세계, 마음에서 긴장되고 경직된 부분을 계속 찾아 그것을 놓아 보내세요.

악수하기와 본질적 사랑을 이용합니다. 아름다운 괴물이 나타나면 우리를 힘들게 하는 감정과 저항에 포용적 인식의 두 팔을 활짝 벌려 환영하세요. 본질적 사랑이 본거지인 자기 집처럼 느껴질 때까지 몇 번이고 계속해서 연결합니다. 순전한 나로 돌아올 수 있으면 잠시 그대로 머물면서 함께합니다. 생각과 감정을 내려놓고 순전한 나로 돌아가기가 힘들다면 너무 애쓰지 말고 무엇이든 마음에 걸리는 것과 악수하세요.

· ◆ ·

가끔은 실체화된 나가 커진 느낌이 드는데, 순전한 나 상태에서 실체화된 나를 놓아 보내기가 힘든 경우도 있습니다. 이럴 때는 다음과 같이 해봅니다.

◆ · · ◆ · · ◆

앞에서처럼 편안한 자세를 취하고 의식을 몸에 내려놓는 것으로 시작합니다. 아무 의도 없이 몸과 감정세계에 잠시 그대로 머뭅니다. 평온과 명료성에 의식이 자리 잡게 합니다. 중심과 균형 잡힌 느낌이 들 때 실체화된 나에 주의를 집중해봅니다. 실체화된 나의 경직성과 긴장을 찾아봅니다. 미묘하고 근원적인 아집이나 진지함을 알아차릴 수도 있습니다. 실체화된 나의 느낌을 찾았으면 그 느낌을 더 잘 알 수 있게 잠시 가만히 느껴봅니다.

시간을 조금 보낸 뒤 마음속으로 웃어넘기면서 순전함을 기억합니다. 실체화된 나의 꽉 움켜쥔 힘을 조금 느슨하게 풀고 마음을 편히 가져봅니다. 순전한 나에 의식을 집중합니다. 실체화된 나를 없앨 수 없으면 이 시점에서 악수 연습을 합니다.

· ◆ ·

이번 수련의 본질은 순전한 나로 돌아오는 것입니다. 현재 어떤 다른 시도를 하고 있든 핵심은 이해하고 놓아 보내며 현재 경험과 함께 머물고 감정세계와 악수하는 것임을 기억하세요. 가능할 때마다 본질적 사랑과 연결됩니다. 본질적 사랑이 순전한 나에 스며들고 순전함이 본질적 사랑에 스며들게 하세요.

본질적 사랑과 순전한 나에 연결된 상태에서 사회적인 나와 관계를 맺어야 한다면, 즉 특정한 사람과 함께하는 어떤 역할을 맡아야 한다면 그렇게 해보세요. 그 활동에 참여해봅니다. 다른 사람과 함께하든 혼자 있든 모든 것은 움직이고 변화하며 서로 연결돼 있음을 기억하세요. 실체화된 나가 문제를 일으키더라도 당황할 필요 없습니다. 그저 관찰하고 명확히 확인하고 그 경험에서 배우면 됩니다. 이제는 대처법을 잘 알고 있으니 무엇이든 명상과 지혜의 길로 가져올 수 있습니다.

어떤 상황을 맞닥뜨리든 적당한 방법을 아무것이나 적용하면 됩니다. 내려놓기, 악수하기, 본질적 사랑, 호흡, 가라앉히기, 명료성 찾기 등 그 순간에 도움이 되는 방법을 실체화 없이 사용하세요. 가능할 때마다 순전한 나로 돌아갑니다. 지금 이 순간에 집중한 상태, 본질적 사랑, 경험 속 순전한 나를 통합해 자신의 본거지로 만듭니다. 순전함의 아름다움이 모든 영적 활동, 당신의 모든 부분, 인식하는 모든 것, 당신과 관계 맺는 모든 존재에 이르게 합니다.

골먼의 증명

린포체의 아버지는 그 시대 가장 존경받는 명상 대가 중 한 명이었습니다. 저와 제 아내는 감사하게도 그가 1996년 세상을 떠나기 전까지 몇 차례에 걸쳐 한 번에 여러 주씩 그와 함께할 수 있었습니다.

그의 다정한 성품은 곧바로 알아차렸지만 그가 그토록 겸손한 사람인지는 미처 몰랐습니다. 티베트 불교 경전을 강의할 때마다 그는 그 내용을 가르친 자신의 스승에게 먼저 감사를 표했습니다. 그러면서 항상 다음과 같은 당부의 말을 덧붙였습니다. "제가 특별히 성취한 것은 없지만 스승님들이 알려주신 내용을 바탕으로 최선을 다하겠습니다."

이런 겸손한 태도는 현대 문화에 매우 흔하고 심지어 우러러지기까지 하는, 나를 우선시하는 자아중심적 행동 방식과 극명히 대조됩니다. 린포체가 제시한 모델에서 툴쿠 우르겐 린포체의 태도는 순전한 나를 드러냅니다. 다른 사람에게 좋은 인상을 주거나 자기 자신의 가치를 올리려는 욕구가 전혀 없는 태도죠.

데이비드슨과 제가 명상에 관해 지금껏 발표된 수천 건의 연구 중 가장 영향력 있는 연구를 추려 조사했을 때 상당한 격차가 발견됐습니다. 지금까지 마음을 진정하고 더 잘 집중하며 편안해지고 더 건강해지는 것을 비롯해 명상의 널리 알려진 긍정적 효과를 조사한 연구는 수없이 많았습니다. 그런데 아집을 완화하는 명상의 효과를 조사한 연구는 극히 적었고 무아(린포체가 말한 순전한 나)에 관한 연구는 사실상 없었습니다.

린포체는 순전한 나를 가장 건강한 나로 봅니다. 순전한 나는 우리가 다른 모든 생각과 감정을 대수롭지 않게 보는 것과 마찬가지로 자의식도 대수롭지 않게 보죠. 우리는 각자의 고유성과 그 고유성에 있을지 모를 가치(말하자면 사회적인 나)를 인식하지만 그 모두가 거울에 비친 상(像)처럼 겉으로 드러난 모습에 불과하다고 봅니다. 우리는 그 순간을 요구하는 대로 진지하게 대할 수도 있지만 장난스럽게 그저 즐길 수도 있습니다. 자의식을 방어할 필요나 궁핍함에 제한받지 않기 때문이죠. 또 다른 사람의 필요에 전적으로 응할 수도 있습니다.

하지만 엄청나게 건강한 자아의 이런 모델은 전적으로 존재의 가벼움에 달려 있습니다. 이에 견줄 개념을 현대 심리학에서는 찾을 수가 없죠. 우리를 짓누르는 건 나에 초점이 맞춰진 일상적인 의식의 흐름입니다. 그 안에는 끝없는 걱정, 욕망과 관심, 희망과 두려움, 해야 할 일들 같은 것이 포함돼 있습니다. 이런 공허한 정신적 혼합물이 '나'라고 생각하는 것, '나'다운 것이라는 개념을 만듭니다. 이런 자의식은 종잡을 수 없는 경험의 바다에서 집 같은 느낌을 줍니다.

그런데 아시아의 전통 심리학은 이와 다른 관점을 취합니다. 5세기 인도 현자인 바수반두(Vasubandhu)는 이렇게 말했습니다. "자신을 움켜쥐고 있는 한 고통의 세계를 벗어나지 못한다." 자기 자신으로부터의 자유(그리고 순전한 나 안에 머무는 것)는 예전부터 아시아 사람들이 늘 추구해온 영적 목표입니다.

일상의 삶에 존재하는 '고통'의 본질은 우리 대부분이 규정하기 어려울지 모릅니다. 그래도 영적인 길에서 인간의 고통으로 여기는 경험 상당수는 우리 모두의 눈에도 때때로 정말 그런 것처럼 보입니다. 생각과 감정이 가장 불쾌한 상태인 우울증과 실체화된 나의 관계를 예로 들어봅시다. 우울증의 특징 중에는 강렬한 자기중심성과 끊임없이 반복되는 우울함이 포함됩니다. 자기 생각에 매달려 생각을 두고두고 곱씹는 것은 우울증을 유발하는 매커니즘 중 하나로 판명됐습니다. '나는 실패자야' 또는 '내 삶은 무의미해' 같은 생각은 우울증을 불러일으키는 우울 유발요인(depressionogenic)으로 분류됩니다.

우울증을 다루는 가장 성공적인 심리치료법은 생각을 새로운 방식으로 바라보게끔 유도합니다. 즉, 그런 생각을 그대로 믿지 않고 생각과 자신의 관계를 바꾸게 하는 겁니다. 사실 이런 유의 심리치료에서 통용되는 격언 중 하나는 '자기 생각을 믿을 필요는 없다'입니다. 특히 우리를 우울하게 하는 생각은 더욱 그렇죠. 부정적 생각과의 관계에 변화를 주는 이런 방법은 '탈중심화(decentering)'라고도 불리는데 바로 그 지점이 심리학과 명상(특히 마음챙김)이 만나는 곳입니다.

궁핍한 나에는 실체화된 나에서와 마찬가지로 뇌의 감정 회로 활동이 반영되는 것으로 보입니다. 여기서는 완고한 자기중심성이 자의식(나, 내 것)에 사로잡히게 합니다. 우리 마음은 우리에게 도움이 되는 것에 집중하고 불쾌한 것은 피합니다. 그러면 타인에게 미칠 영향은 고려하지 않고 자기가 원하는 것에 자기도취적으로 집중하거나 애정에 굶주려 타인에게 의존하는 것 같은 건강하지 못한 관계 패턴을 초래할 수 있습니다.

유년기 애착이 성인기 전반에 걸친 관계 형성에 어떤 영향을 미치는지는 영국의 아동 전문가 존 볼비(John Bowlby)의 이론 이후 상당히 많은 연구와 분석이 이뤄졌습니다. 예를 들어 유년기에 보살핌을 받지 못했다고 느끼거나 트라우마를 겪으면 성인기에 맺는 관계에서 불신을 품게 됩니다. 마찬가지로 어린 시절 관계에서 극도로 불안했거나 과잉반응을 보이는 방법으로 관심을 끌 수밖에 없는 환경에서 자랐다면 성인이 돼서도 그런 태도를 보입니다. 혹은 어릴 때 모든 감정에서 벗어나는 방법으로 관계 불안에 대처했다면 어른이 된 뒤에도 그 방법을 씁니다. 하지만 유아기에 사람들과의 관계에서 안전한 느낌을 받았다면 어른이 돼서 맺는 가까운 관계에서도 그 느낌을 그대로 느끼죠.

린포체의 모델에서 마지막으로 다뤄진 사회적인 나는 타인의 마음에 우리가 존재하는 방식입니다. 어떤 사람은 심리학에서 '인상관리(impression management)'라고 부르는 것에 많은 에너지를 쏟아부으며 우리가 실제로는 어떤 사람인지에 상관없이 겉으로 비치는 모습을 제어하려고 합니다. 사회적인 나의 부정적인 면은 거짓 자아를 투영하는 것을 포함해 어떤 대가를 치르더라도 남들에게 사랑받고 싶다는 마음에서 비롯됩니다. 소셜 미디어는 사회적인 나를 강하게 키워 사람들이 팔로워를 늘리려고 필사적으로 애쓰게 만들기도 하죠.

반면 우리가 사회적인 나의 잠재성을 깨닫고 애정 결핍이 아닌 보살피고 배려하는 마음에 자극받을 때는 사회적인 나도 꽤 긍정적일 수 있습니다. 린포체가 지적했듯 달라이 라마가 그 좋은 예입니다. 달라이 라마는 인류의 하나됨과 연민에 기초한 지도 윤리의 필요성을 대변하는 인물이 됐습니다. 얼굴에 드러난 감정 표현을 연구하는 세계적인 전문가 폴 에크만(Paul Ekman)은 달라이 라마를 만나자마자 그의 감정적 민첩성에 감명을 받았다고 합니다. 에크만은 달라이 라마가 사람을 차례로 만나는 모습을 지켜보면서 그가 만난 사람의 감정이 곧바로 그의 얼굴에 담기고 그 다음 사람을 만날 때는 앞서 반영된 감정이 곧 사라지는 것을 목격했죠.

에크만은 이를테면 강렬한 슬픔에서 큰 기쁨으로 그토록 빠르고 매끄럽게 전환되는 것을 일찍이 본 적이 없었습니다. 이는 그의 내면에 '끈끈한 불편함'이 없음을 보여주는 듯합니다. 우리가 괴로운 감정과 강박적 욕구에서 벗어나면 우리도 에크만이 달라이 라마에게서 본 것, 즉 막힘없이 느슨한, 순전한 나에 조금 더 가까워질 수 있습니다. 이때 우리는 경직된 자의식에서 더 유연한, 그 순간의 표현 방식으로 바뀌어갑니다.

신경과학에 따르면 우리가 '아무것도 안 할' 때, 즉 마음이 여기저기 방황할 때 자의식이 가장 두터워집니다. 여기에는 대개 우리 자신에 대한 생각이 수반됩니다. 이를테면 나를 걱정시키는 문제, 게시물에 받은 좋아요 수, 사람들과의 관계, 그 순간의 내 감정 같은 것이죠. 아무것도 안 하는 이런 순간에 활성화되는 뇌 회로는 디폴트 모드 네트워크인데 예컨대 수학 문제를 푸는 것처럼 정신적으로 집중해야 하는 과제를 하고 있지 않을 때 이 회로가 기본적으로 작동한다는 사실을 그 이름에서 알 수 있습니다.

자기체계(self-system, 자기 자신을 설명하는 데 사용되는 고유한 경험의 집합체를 뜻하는 심리학 용어_옮긴이)는 우리에게 영향을 미치는 모든 사건을 고려해 우리 각자의 우주를 만듭니다. 우리는 자신에게 말하는 삶의 이야기에서 항상 중심에 있죠. 그리고 그동안 디폴트 모드 네트워크가 활성화됩니다. 그런데 연구에 따르면 장기간 명상을 한 사람은 디폴트 모드 네트워크를 잠잠히 만드는 뇌 회로가 강화돼 있습니다.

데이비드슨과 제가 발견한 바에 따르면 뇌의 자기체계 강도와 명상의 발전 정도를 비교한 기존 연구에서 명상을 더 오래해온 사람일수록 자기체계에서의 연결이 더 약하다는 사실이 발견됐습니다. 이는 명상가가 어떤 경험, 이를테면 무릎 통증을 단순히 알아차리고 그런 감각에 붙들리기보다 그냥 통증이 지나가게 내버려두는 능력과도 연관될 수도 있습니다. 순전한 나는 더 쉽게 그렇게 할 수 있지만 실체화된 나는 고통을 피하기 위해 뭔가를 하려는 충동에 사로잡힙니다.

인지과학은 우리가 확고한 '자아'가 되기 위해 취하는 것이 실제로 인식, 기억, 생각 등 잠깐 생겼다 사라지는 것의 조각에서 만들어진다고 봅니다. 뇌는 스쳐 지나가는 현상의 혼합물에서 나에 대한 이런 지속적 감각을 유지합니다. 자의식은 우리 뇌가 끊임없이 되풀이해 만들어내는 환상입니다. 영속적인 나라는 건 참 덧없습니다. 불교의 중요한 통찰도 이런 해석과 유사합니다. 불교에서는 '나'라는 건 없으며 그저 나라는 '환상'이 있을 뿐이라고 말합니다.

예를 들어 심리학에서는 툴쿠 우르겐 린포체 같은 스승에게서 나타나는 겸손을 연구합니다. 비록 '저하된 자아의 비자격부여(hypo-egoic nonentitlement)'라는 기술적 용어라 표현이 썩 만족스럽지는 않지만 말입니다. 이 용어는 '자아가 없는 비특별함' 혹은 '특별하다고 느끼지 않는 것' 정도로 번역될 수 있습니다. 자기도취와 정반대되는 태도죠.

신경과학에서는 뇌의 기능에서 '나'가 의미하는 바가 무엇인지, 적어도 이론 측면에서 추적하기 시작했습니다. 이와 관련한 과학 연구는 아직은 추측에 근거하는 수준입니다. 자의식을 만드는 뇌 회로에 관한 연구나 우리가 순전한 나에 더 익숙해짐에 따라 어떤 변화가 나타나는지에 관한 연구는 현재까지 나오지 않았습니다. 한 이론은 '해체적(deconstructive) 명상', 즉 순전한 나의 경험에 더 가까워져 실체화된 나 혹은 자기애적 나의 영향을 점점 덜 받게 해주는 수련을 하면 순수한 알아차림의 상태가 지속된다고 제시하기도 했습니다.

　과학은 한 걸음 더 나아가 이런 순수한 인식 상태가 뇌의 기능 측면에서 어떤 의미가 있는지 제시합니다. 이 관점은 뇌가 계속 과거 경험에 기초해 예측을 한다고 보는데 이는 때로 '프로플렉션(proflection)'이라고 불립니다. 그런데 현재 순간에 의식을 두기가 점점 더 쉬워질수록 과거를 떠올리는 것은 말할 것도 없고 미래를 예측하는 성향이 점점 약해집니다. 또 과거와 미래가 없는 지금 이 순간을 알아차리고 그 상태를 유지할 수 있게 되면서 일상적인 인식에 쓰이는 뇌 회로가 조용해집니다(최소한 추측은 그렇습니다).

　마음을 진정하면 내면이 더 평온하고 명료해지는 것을 포함한 여러 이점이 있습니다. 그런데 순수한 알아차림 상태에 머물 때의 특성은 이런 내면의 고요함을 초월합니다. 순수한 알아차림에 도달한 뛰어난 요가 수행자의 뇌를 연구한 데이비드슨은 이렇게 현재 순간에 집중하고 기쁨에 넘치고 온정 많은 사람은 지금껏 그 어디서도 만나보지 못했다고 말합니다.

혼란한 내면의 해독제

안정된 몸, 열린 가슴, 맑은 정신

우리는 당신이 모든 면에서 건강한 사람이 되도록 돕겠다는 포부로 이 책을 집필했습니다. 모든 면에서 건강한 사람이란 흔들림이 없고 마음이 따뜻하고 정신이 명료하며 다른 사람을 돕고 싶은 자연스러운 마음과 에너지가 있는 사람입니다. 이런 비전을 담은 간결한 슬로건이 '안정된 몸, 열린 가슴, 맑은 정신'입니다. 이는 이 책에 소개된 여러 수련법을 훈련한 결과를 나타냅니다.

여기서 다룬 도구 사용에 더 능숙해지면 주어진 상황에

맞는 적절한 도구를 골라 쓸 수 있습니다. 숙련된 목수가 일의 각 단계에서 어떤 도구를 사용해야 하는지 잘 알고 있듯이 말이죠. 우리 삶은 관계에서나 마음속에서 혹은 내면의 감정세계와 생각, 감정에서 장애물, 도전, 문제를 제기합니다. 여기서 배운 방법은 일종의 삶에 대처하는 도구상자입니다.

- 내려놓기: 긴장, 경직, 꽉 막힌 느낌, 불안을 느낄 때는 내려놓기 수련이 큰 도움이 될 수 있습니다. 허벅지에 양손을 탁 떨어뜨리면서 숨을 크게 내쉬고 상념을 내려놓고 몸에 의식을 집중합니다. 쉽고 빠른 이 수련은 하루 중 언제든 활용할 수 있습니다.

- 복식호흡: 복식호흡은 서두르는 느낌이 들고 안정되지 않을 때 특히 유용합니다. 여러 단계로 구성된 이 호흡 수련은 빠른 에너지를 원래 위치인 배꼽 아래로 보내 마음을 차분히 안정시켜줍니다.

- 악수하기: 감정적 장애, 반응성, 저항, 즉 우리 자신의 아름다운 괴물을 치유해 막힌 부분을 여는 데 도움이 되는 중요한 도구입니다. 우리는 아름다운 괴물과 친구가 돼 환영하고 수용하는 태도로 자신의 의식과 감

정세계에 다시 연결됩니다.

- 본질적 사랑: 감정세계와의 악수는 본질적 사랑과 연결되는 데서 나오는 본연의 내적 평안함과 행복을 다시 발견할 수 있게 해줍니다. 애정에 굶주린 느낌, 메마른 느낌, 무가치한 느낌, 활기 없는 느낌, 인정받지 못하는 느낌이 들면 먼저 이들과 악수하면서 친구가 됩니다. 그러면 서서히 기본적인 다 괜찮음, 본질적 사랑과 다시 연결될 수 있습니다. 본질적 사랑은 변화하는 느낌, 감정, 기분 아래에서 늘 우리와 함께합니다.

- 사랑과 연민: 본질적 사랑에 뿌리를 두면 언제든 공감과 연민을 키울 수 있습니다. 공감과 연민이 서서히 범위를 넓히면서 점점 더 많은 존재가 당신의 다정한 보살핌 속에 들어올 수 있습니다. 이런 연민과 사랑은 우리와 이미 친밀한 사람뿐 아니라 아무 감정 없는 사람, 대하기 어려운 사람에게까지 확장될 수 있습니다.

- 마음 가라앉히기: 마음이 산란하고 집중이 잘되지 않고 혼란스러울 때 마음을 가라앉히는 수련이 도움이 될 수 있습니다. 호흡 같은 대상을 두고 마음을 가라앉히는 것과 대상 없이 가라앉히는 것 모두 본연의 명

료함을 발견하고 삶에 평온과 집중을 가져오는 데 중요한 수련법입니다.

- 통찰 명상: 네 가지 나를 깊이 사색하는 것과 명료한 광활함 속에 머무는 것을 포함한 통찰 명상은 영적인 길이 더 깊어지고 속박 없는 깨달음을 드러나게 할 수 있습니다. 또 자신과 관계 맺는 건강한 방식과 건강하지 못한 방식을 명확히 분별하고 평온함과 명료함을 더 강렬하게 발전시키며 신경증, 제한된 믿음, 혼란에서 자유로워질 잠재력을 발견하도록 도와줍니다.

이 수련법들과 이를 뒤따르는 통찰은 삶과 삶의 혼란스러움에 더 품위 있게, 효과적으로 대처할 수 있게 해줍니다. 요점은 내려놓기에서 얻은 현실감, 악수하기에서 찾은 본질적 사랑, 통찰에서 나온 순전한 나입니다. 이들은 우리 내면의 본거지이자 존재 기반이 될 수 있습니다. 그러면 삶이 훨씬 풍요롭고 따뜻하고 즐거워지며 다른 사람을 더 쉽게 도울 수 있을 겁니다.

하지만 다른 모든 기술과 마찬가지로 이런 기술도 연습해야 합니다. 피아노, 목공예, 운동, 취미활동 등을 잘하고 싶으면 능숙해질 때까지 주요 동작과 활동을 아주 많이 반복해야 하죠. 명상을 한두 번 해보고서 명상의 모든 기술을 익히고 모든 효과를 얻을 수는 없습니다. 그렇게 되기까지는 시간이 걸립니다. 먼저 수련할 때 일어나는 경험과 연습에 익숙해져야 합니다. 사실 명상을 뜻하는 티베트 전통어는 '곰(gom)'인데 이 말의 본뜻은 '익숙해지다' 혹은 '습관화되다'입니다. 우리는 지금 오랜 습관을 없애고 새로운 습관을 만드는 중입니다.

이상적으로는 매일 일정 시간을 할애하는 것이 좋습니다. 긴 시간 수련할 필요는 없습니다. 처음에는 하루 10~20분 정도로 달성 가능한 목표를 세우는 것이 좋습니다. 이렇게 시작해 약간의 효과를 바로 얻고 점차 시간을 늘려가도 충분합니다. 처음부터 너무 많은 양의 수련을 강요하기보다 유기적으로 성장할 수 있게 하는 것이 더 좋습니다. 순조롭게 출발해 습관을 만들 수 있도록 한 달간 매일 명상하겠다고 자신과 약속하는 것도 바람직합니다.

명상 경험은 우리 기분이나 주식시장처럼 끊임없이 오르내린다는 점을 기억하세요. 어떤 때는 마치 빠른 속도로 발전하듯이 명료하고 가볍고 고양된 기분이 들기도 합니다. 하지만 어떤 때는 아주 둔하거나 마음이 자꾸 동요하는 기분이어서 다른 무엇을 시도하든 명상보다는 낫겠다 싶고 전혀 진전이 없는 것처럼 느껴지기도 할 겁니다. 그때그때의 경험에 얽매이지 말고 그저 계속 수련해나가세요. 우리가 수련을 지속하고 습관을 만들기만 하면 변화하는 경험이 어떤 것인지는 별로 중요하지 않습니다. 따지고 보면 경험은 바다의 파도와 같습니다. 부침이 있을진 몰라도 중요한 건 우리가 계속 물속에 있다는 사실입니다.

파도의 높이 솟은 곳과 파도 물결 사이 골은 모두 바다의 물일 뿐입니다. 마찬가지로 끊임없이 변화하는 우리 경험에서 높고 낮음은 모두 인식의 흐름일 뿐이지요. 경험의 높낮이를 판단하지 마세요. 그런 판단이 결국 에고를 부풀리거나 우리를 끌어내릴 수 있습니다. 높은 산 정상에 오르려면 그저 꾸준히 걷기만 하면 됩니다. 특정한 순간의 기분은 중요하지 않습니다.

남을 도울 방법은 많지만 우리가 장려하는 명상의 길은 먼저 자기 자신을 돌보는 데서 시작하라고 강조합니다. 자기 자신을 돕는 것이 남을 돕는 길입니다. 먼저 자기 본연의 자리로 돌아와 내면의 힘을 기르세요. 명상의 길은 우리를 본질적 사랑으로 이끕니다. 우리가 명료성과 내면의 풍요를 키우면 표현적 사랑이 연민으로 표현될 것입니다. 남을 돕는 것은 세상에 큰 변화를 가져옵니다. 우리가 배운 이 수련법은 우리 스스로를 돕고 이를 통해 남을 더 잘 도울 수 있게 해줍니다.

물론 남을 돕는 일과 우리 삶 전반이 우리를 지치게 할 수도 있습니다. 현대사회에는 스트레스가 만연하며 그 영향을 피하기란 쉽지 않습니다. 오늘날의 삶은 더 빨리 서두르게 만들고 가정에서 감당해야 할 복잡한 요구까지 더해져 스트레스는 한층 가중됩니다. 그에 따른 정신적, 육체적, 감정적 대가는 상당할 수 있습니다. 이 책의 수련법은 우리를 피곤하고 메마르고 기진맥진하게 하는 것이 아니라 에너지를 다시 채워줍니다. 그러면 기력 소진에 대응하고 번아웃, 동정심 감퇴를 피할 수 있죠. 그리고 자기 자신에게 활력을 다시 불어넣는 법을 배울 수 있습니다. 수련에서 에너지가 더 많이 흐를수록 남을 더 많이 도울 수 있습니다. 이런 긍정적 피드백 루프가 자리 잡으면 본연의 자리로 돌아와 우리 자신에게 활력을 불어넣고 계속 남을 도울 수 있을 겁니다.

남을 돕는 일에 매진한 사람이 자기 관리를 소홀히 하면 그 일에서 얻는 기쁨과 행복이 억제될 뿐 아니라 이타적 활동에 제한이 생길 수도 있습니다. 가슴과 연결되지 못하고 명상을 하지 않고 감정세계에 본거지가 없고 명료성이 없으면 감정적 에너지가 쇠진될 가능성이 더 커집니다. 하지만 남을 돕는 일, 내면의 큰 변화, 자기 스스로를 돌보는 자세가 결합하면 서로를 더 강하게 만들 수 있습니다.

이 책의 수련법을 연습하면 연민과 통찰이 자연스럽게 나타나기 시작할 텐데 사실 애초에 그런 결과를 내도록 설계된 방법이기 때문입니다. 일단 불을 얻으면 자연스럽게 열기가 생기는 것과 같죠. 수련법에 익숙해질수록 더 건강해지고 사랑, 연민, 지혜가 가득한 더 진실한 사람이 될 겁니다. 인생에는 많은 장애물이 있지만 우리는 그에 대처하는 방법을 배울 수 있습니다. 긍정적 상황이든 부정적 상황이든 모든 것을 수행을 강화할 방법이자 성장의 기회로 볼 수 있습니다. 그래서 무엇이든 영적 성장의 길로 가져올 수 있죠. 일단 문제를 다루는 법을 알면 원기를 되찾는 방법, 지치고 기진맥진하고 번아웃을 겪는 것이 아니라 원기를 되찾는 법을 알게 됩니다. 그럴 때 우리는 꽃과 같은 존재가 돼 연민 어린 지혜로 피어납니다.

우리는 이 책과 이 책에 담긴 개념, 수련법이 타고난 권리인 안정된 몸, 열린 가슴, 맑은 정신을 누리는 데 아주 많은 이에게 도움이 되기를 진심으로 기원합니다.

감사의 글

촉니 린포체는 그의 뿌리인 스승들께 깊은 감사의 마음을 느낍니다. 그들에게서 받은 가르침이 발전해 이 책이 되었습니다. 그는 또 책을 쓰는 데 도움을 준 애덤 케인의 훌륭한 노력에 감사를 표합니다. 푼다리카(Pundarika)재단의 에스테반과 트레사 홀랜더는 이 프로젝트를 완수하는 데 아주 소중한 도움을 주었습니다. 린포체는 이렇게 덧붙입니다. "제자들에게 감사 인사를 전합니다. 수년 동안 제자들에게서 정말 많은 배움을 얻었습니다. 그리고 가족들의 애정 어린 지원에 감사합니다."

골먼 역시 린포체의 말에 감명적인 목소리를 더해준 케인과 사이먼앤드슈스터(Simon&Schuster) 편집자 스테파니 히치콕에게 감사합니다. 특히 히치콕은 매 단계마다 아주 훌륭하게 우리를 안내해줬습니다. 그리고 골먼의 아내 타라 베넷 골먼이 이 프로젝트에 보인 통찰, 조언, 따뜻한 격려에 고맙다는 인사를 전합니다.

1장

1   Research at Stanford University finds: Sonja Lyubomirsky et al., "Thinking about Rumination: The Scholarly Contributions and Intellectual Legacy of Susan Nolen-Hoeksema," Annual Review of Clinical Psychology 11, (March 2015): 1-22, published online January 2, 2015, https://doi.org/10.1146/annurev-clinpsy-032814-112733.

2   The amygdala is the brain's radar for threat: Joseph LeDoux, The Emotional Brain: The Mysterious Underpinnings of Emotional Life(New York: Simon & Schuster, 1998).

2장

3   And such a prolonged, ongoing fight-or-flight reaction: Bruce McEwen and John Wingfield, "The Concept of Allostasis in Biology and Biomedicine," Hormones and Behavior 43, no. 1(January 2003): 2-15.

4   This was driven home: Years later Richard Davidson and I reviewed the most rigorous studies of meditation in our book Altered Traits: Science Reveals How Meditation Changes Your Brain, Mind, and Body(New York: Penguin Books, 2019).

5   Dr. Benson was to pursue this finding: Herbert Benson, The Relaxation Response, updated ed. (New York: HarperCollins, updated 2009).

6   The strictest review of scientific findings: Andrea Zaccaro et al., "How Breath-Control Can Change Your Life: A Systematic

Review on Psycho-Physiological Correlates of Slow Breathing,"
Frontiers in Human Neuroscience 12 (2018): 353, https://www.
ncbi.nlm.nih.gov/pmc/articles/PMC6137615/.

7   One study of slow breathing: Donald J. Noble and Shawn
     Hochman, "Hypothesis: Pulmonary Afferent Activity Patterns
     during Slow, Deep Breathing Contribute to the Neural
     Induction of Physiological Relaxation," Frontiers in Physiology
     10(September 13, 2019): 1176, https://doi.org/10.3389/
     fphys.2019.0176.

3장

8   He was particularly intrigued: Tara Bennett-Goleman,
     Emotional Alchemy: How the Mind Can Heal the Heart (New
     York: Harmony Books, 2001).

9   Volunteers with social anxiety: Philippe Goldin has conducted
     a series of brain studies with volunteers who suffer from
     social anxiety disorder; many of these were done while he
     was at Stanford University, before going to UC Davis. See,
     e.g., Philippe R. Goldin et al., "Neural Bases of Social Anxiety
     Disorder: Emotional Reactivity and Cognitive Regulation during
     Social and Physical Threat," Archives of General Psychiatry 66,
     no. 2 (February 2009): 170-80.

10   Chris Gerner: Chris Gerner studies acceptance in accord
     with the research on self-compassion of Kristin Neff of the
     University of Texas at Austin. See, e.g., Kristin Neff and Chris
     Gerner, The Mindful Self-Compassion Workbook: A Proven
     Way to Accept Your3P_Goleman_WhyWeMeditate_AA.indd 198
     6/2/22 3:16 PM self, Build Inner Strength, and Thrive (New
     York: Guilford Press, 2018).

11   But research led by Hedy Kober: Hedy Kober et al., "Let It

Be: Mindful Acceptance Down-Regulates Pain and Negative Emotion," Social Cognitive and Affective Neuroscience 14, no. 11 (November 1, 2019): 1147–58.

12 Philippe Goldin's research: Philippe R. Goldin et al., "Evaluation of Cognitive Behavioral Therapy vs Mindfulness Meditation in Brain Changes during Reappraisal and Acceptance Among Patients with Social Anxiety Disorder: A Randomized Clinical Trial," JAMA Psychiatry 78, no.10(October 1, 2021):1134–42. https://doi.org/10.1001/jamapsychiatry.2021.1862.
000Suzuki Roshi: quoted in Crooked Cucumber: The Life and Zen Teaching of Shunryu Suzuki(New York: Harmony Books, 2000), p. 46.

4장

13 The closest parallel: See Cortland Dahl et al., "The Plasticity of Well-Being: A Training-Based Framework for the Cultivation of Human Flourishing," Proceedings of the National Academy of Sciences of the United States of America 117, no. 51(December 22, 2020): 32197–206, https://www.doi.org/10.1073/pnas2014859117.103

14 My old friend: Healthy Mins Innovations, https://hminnovations.org/.

15 Research at Harvard: Matthew A. Killingsworth and Daniel T. Gilbert, "A Wandering Mind Is an Unhappy Mind," Science 330, no. 6006 (November 2010): 932. DOI: 10.1126/science.1192439.

16 Critical brain circuits: Dahl et al., "Plasticity of Well-Being."

17 When I talked to Richie: Richard J. Davidson with Sharon Begley, The Emotional Life of Your Brain: How Its Unique Patterns Affect the Way You Think, Feel, and Live—and How You Can Change Them (New York: Avery, 2012).

5장

18 But it wasn't until 2008: Antoine Lutz et al., "Regulation of the
    Neural Circuitry of Emotion by Compassion Meditation: Effects
    of Meditative Expertise," PLOS One, March 26, 2008.

19 Back in the 1980s: Dalai Lama, Worlds in Harmony: Dialogues
    on Compassionate Action(Berkeley, CA: Parallax Press, 2004).

20 Research tells us: Jean Decety, "The Neurodevelopment of
    Empathy," Developmental Neuroscience 32, no. 4(December
    2010): 257 – 67.

21 The trained groups: Olga Klimecki, "Differential Pattern of
    Functional Brain Plasticity after Compassion and Empathy
    Training," Cerebral Cortex 23, no. 7(2013): 1552 – 61.

22 Afterward the compassion group: Helen Y. Weng et al.,
    "Compassion Training Alters Altruism and Neural Responses to
    Suffering," Psychological Science 24, no. 7(May 2013): [Pages
    TK], published online May 21, 2013, http://pss.sagepub.com/ea
    rly/2013/05/20/0956797612469537.

23 Compared with a group of volunteers: Julieta Galante et al.,
    "Loving-Kindness Meditation Effects on Well-Being and
    Altruism: A Mixed-Methods Online RCT," Applied Psychology:
    Health and Well-Being 8, no. 3(November 2016): 322 – 50,
    https://doi.org/1O.111/APHW.12074.

24 The more hours over a lifetime: See chapter 6 in Daniel
    Goleman and Richard Davidson, Altered Traits: Science Reveals
    How Meditation Changes Your Mind, Brain, and Body(New
    York: Avery, 2018).

6장

25 Recently, with my old friend neuroscientist Richard Davidson:
    Daniel Goleman and Richard Davidson, Altered Traits: Science

Reveals How Meditation Changes Your Mind, Brain, and Body(New York: Avery, 2018).

26 Another benefit of meditation: Clifford Saron, presentation at second International Conference on Contemplative Science, San Diego, November 2016.

27 For instance, seasoned vipassana, or insight, meditators: Melissa A. Rosenkrantz et al., "Reduced Stress and Inflammatory Responsiveness in Experienced Meditators Compared to a Matched Healthy Control Group," Psychoneuroimmunology 68(2016): 299–312.

28 Several other studies: J. D. Creswell et al., "Mindfulness-Based Stress Reduction Training Reduces Loneliness and Pro-Inflammatory Gene Expression in Older Adults: A Small Randomized Controlled Trial," Brain, Behavior, and Immunity 26, no. 7 (October 2012): 1095–101.

7장

29 When Richard Davidson and I: Our review of scientific findings on meditation is in Daniel Goleman and Richard Davidson, Altered Traits: Science Reveals How Meditation Changes Your Mind, Brain, and Body(New York: Avery, 2018), ch. 8.

30 Indeed, one of the maxims: For a fuller exploration of mindfulness and cognitive therapy, see Tara Bennett-Goleman, Emotional Alchemy: How the Mind Can Heal the Heart (New York: Harmony Books, 2001). See also A. B. Nejad et al., "Self-Referential Processing, Rumination, and Cortical Midline Structures in Major Depression," Frontiers in Human Neuroscience 7, no. 666(October 10, 2013): [Pages TK], https://doi.org/10.3389/fnhum.2013.00666.

31 How our childhood attachments: See, e.g., Jude Cassiday and

Phillip Shaver, eds., Handbook of Attachment Theory: Research and Clinical Applications (New York: Guilford, 1999).

32   The negative side: James T. Tedeschi, Impression Management Theory in Social Psychological Research(New York: Academic Press, 2013).

33   But long-term meditators: Judson Brewer et al., "Meditation Experience Is Associated with Differences in Default Mode Network Activity and Connectivity," Proceedings of the National Academy of Sciences 108, no. 50(2011): 1 –6, https://doi.org/10.1073/pnas.1112029108.

34   Cognitive science has determined: Cortland J. Dahl, Antonie Lutz, and Richard J. Davidson, "Reconstructing and Deconstructing the Self: Cognitive Mechanisms in Meditation Practice," Trends in Cognitive Sciences 19, no. 9(September 2015): 515 –23.

35   Psychology, for example: Chloe C. Banker and Mark R. Leary, "Hypo-Egoic Nonentitlement as a Feature of Humility," Personality and Social Psychology Bulletin 46, no. 5(May 2020): 738 –53, https://doi.org/10.1177/014616721987514.

36   The science goes a step further: Ruben E. Laukkonen and Heleen A. Slagter, "From Many to (N)one: Meditation and the Plasticity of the Predictive Mind," Neuroscience & Biobehavioral Reviews 128(September 2021): 199 –217, https://doi.org/10.1016/j.neubiorev.2021.06.021.

하버드대 심리학자가 전하는 명상의 이유

대니얼 골먼 내면 해독

제1판 1쇄 인쇄 | 2024년 6월 20일
제1판 1쇄 발행 | 2024년 7월 1일

지은이 | 대니얼 골먼, 촉니 린포체
옮긴이 | 신동숙
펴낸이 | 김수언
펴낸곳 | 한국경제신문 한경BP
책임편집 | 최경민
교정교열 | 강설빔
저작권 | 박정현
홍 보 | 서은실·이여진·박도현
마케팅 | 김규형·정우연
디자인 | 장주원·권석중
본문디자인 | 디자인 현

주 소 | 서울특별시 중구 청파로 463
기획출판팀 | 02-3604-590, 584
영업마케팅팀 | 02-3604-595, 562 FAX | 02-3604-599
H | http://bp.hankyung.com E | bp@hankyung.com
F | www.facebook.com/hankyungbp
등 록 | 제 2-315(1967. 5. 15)

ISBN 978-89-475-4961-5 (03180)